おでかけ弁当
ドリル

上島亜紀

OHZORA SHUPPAN

> PROLOGUE

運動会、ピクニック、持ちより、差し入れもOK！
簡単なのに見映えのよい弁当の
詰め方テクニック&おかず集！

運動会、お花見、ピクニック、持ちよりなど、
天気のよい日のお出かけや行事にはお弁当を作る機会も多くなります。

家族や友人と囲む行楽の弁当はとても楽しみなものです。
でも作る側になると、急に不安に感じることも。

これでいいのかな？　もう少し見映えよく詰められないかな？
もっと頑張らなきゃだめじゃないのかな？　と……。

特に運動会のような祖父母やお友達の家族と一緒に食べる
お弁当は不安でしかたないという方も多いのではないでしょうか？

本書ではそんなみなさまの不安を解消するために、
おでかけ弁当の詰め方を6つにパターン化。
それぞれの詰め方の基本ルールを押さえておくだけで、
難しい重箱弁当も迷うことなく簡単に詰められます。

また、アイデアバリエもたくさんご紹介していますので、
レシピに困ったときは参考にしてみてください。

頑張りすぎなくても、素敵に見えて、フォトジェニックなお弁当「みせ弁」を作って
みてください。

作る人も食べる人も、みんなが楽しめるお弁当作りに役立てていただけたら幸いです。

上島亜紀

みんなに見せたくなる
おでかけ弁当の基本のしくみ

運動会やピクニックなど大切な家族やお友達とおでかけ。そんなときこそ、みんなが喜んでくれるお弁当を作ってみたいもの。簡単で詰めやすい「おでかけ弁当」の基本のしくみを解説します。

01 三段重のお弁当のルール

一段目＝主食

一段目には主食を詰めます。下に重いものを詰めることで、形が崩れにくくなり、安定して運べます。

ごはん、パン、めんなどの主食こそ盛りつけにこだわる！

一段目には、おにぎりやのり巻き、サンドイッチやそうめんなどの主食を詰めましょう。ただ、そのまま詰めるのではなく、上から見て美しく見えるように互い違いに詰めたり、上に具をのせて彩りよくするのがポイントです。さらに気を配りたいのが「取り出しやすさ」。きれいに詰めても取り出しにくいと意味がないので、グラシン紙で包む、ピックで刺す、一口大ずつ詰めるなどの工夫を。

二段目＝おかず

二段目はメインおかずとサブおかずを詰めましょう。
詰め方ルールを参考にシンプルでOK！

詰め方ルールで
いつものおかずも
グンと華やか！

おかずを詰めるときは、P11〜15で紹介する「詰め方ルール」を参考にしながら詰めてみてください。初級、中級、上級に分けて、詰め方を6パターン紹介しているので、初めての方も安心です。また、赤、黄、緑の3色はなるべく入れるなど、彩りを考えながら詰めるのがコツです。紫や黒などのおかずも和の重箱によく合います。

真ん中にメインおかずを盛りつけて、まわりに副菜を彩りよく。

大きく3つに分けて、真ん中にメインおかず、両端に副菜を。

三段目＝デザート

三段目には冷たいデザートやフルーツを。
マリネやピクルス、漬け物などもOK！一番上に保冷剤をのせて。

冷たいデザートや
サラダ、マリネは
一緒にまとめて

意外とやってしまいがちなのが、冷たい果物を温かいおかずと一緒に詰め合わせてしまうこと。せっかくの冷たいデザートや果物がぬるくなってしまい、おいしくなくなります。冷たいデザートや果物は別の段や容器に詰めると考えましょう。シャキシャキと冷たい状態で食べたいサラダやマリネ、漬け物も同様です。

ゼリーは人数分箱に詰めて、隙間には果物を詰めて冷たく。

果物はほうろうのバットに詰めて、彩りよくスタイリッシュに。

02 完成図を描く

作るおかずを決めたらどんな風に詰めるか思い描くことが大事

三段重のお弁当のルールがわかったら、実際にどんなおかずを詰めるかを考えましょう。紙に簡単なデッサンを描くことで、色の組み合わせやスペースの埋まり具合など全体像がつかみやすくなります。P11～15の「詰め方ルール」を参考にしながら、一段目、二段目、三段目それぞれのデッサンをしてみましょう。色えんぴつなどで色を塗るとよりイメージがわきやすいのでおすすめです。

03 前日、当日やることリストを作る

切る、下味をつけるなどの下ごしらえは前日に、当日は最後の仕上げのみにするとラク

作るおかずが決まったら、まずは「前日＋当日のやることリスト」を作りましょう。当日は詰めるだけでも時間がかかりがちなので、できるだけ下準備は前日に終わらせ、当日は仕上げ作業と詰める作業に集中できるように段取りを考えておくとスムーズです。マリネやピクルス、漬け物などは前日に作っておいても。あえものなどは、水が出やすいので、直前に作って詰めるのがベターです。

前日
- 切る・調味料を合わせておく
- 下味をつける
- ゆで野菜をゆでておく
- マリネ、漬け物、デザートを作る
- お米を炊飯器に予約セットする

当日
- 焼く、揚げるなどの加熱調理は当日に
- あえる、混ぜるなどの仕上げも当日が◎
- 重箱（お弁当箱）に詰める

04 タイムスケジュールを作る

工程表を作って段取りを考える

三段重のお弁当は、6〜8品ほどのおにぎりやおかず、デザートを作るので、それぞれをいつ、どのように仕込むのかを考えながら、工程表を作っておくといいでしょう。前日と当日に分け、さらに、時間を細かく決めておくと時間内に作ることができます。当日は、焼く、揚げるなど加熱が必要なものを一番最初に手がけ、粗熱を取っている間に、あえものなどの仕上げをしていくといいでしょう。

	一段目		二段目				三段目	
	おにぎり (P112)	漬け物	王道から揚げ (P71)	厚焼き卵 (P110)	えびとカラフル野菜のレモンサラダ (P80)	紫キャベツのマリネ (P89)	フルーツゼリー (P66)	フルーツ
前日	◎炊飯器に米と水をセットする。◎具を焼くなどして用意しておく。	◎野菜を切って、漬け汁に漬けて冷蔵庫へ。	◎鶏肉の下処理をする。◎下味をつけて保存袋に入れ、冷蔵庫へ。	◎卵が足りなくなって慌てないように、分量分を確保しておく。	◎えびはゆでて、野菜は切り、保存容器に入れて冷蔵庫へ。◎ドレッシングは合わせておく。	◎紫キャベツを切ってゆで、調味料を加えてマリネを作り、冷蔵庫へ。	◎ゼリーを仕込んで、カップに入れて冷蔵庫で冷やし固める。	◎ぶどうは房から外し、りんごは切って、保存容器に入れ、塩水につけて冷蔵庫へ。
当日	◎おにぎりを握る（から揚げ、厚焼き卵を作った後）	◎汁けをきっておく。	◎汁けを拭き取り、衣をつけて揚げる（一番最初に）。◎網にのせて油をきり粗熱を取る。	◎厚焼き卵を焼き上げる（から揚げの後に）。◎巻きすで形づけて、粗熱を取る。	◎詰める直前にえびと野菜、ドレッシングを合わせてあえる。	◎詰める直前に冷蔵庫から出し、汁けをきっておく。	◎詰める直前に取り出し、スプーンなどをセットする。	◎詰める直前に取り出し、ペーパータオルで水けをしっかりふき取る。
	詰める							

CONTENTS

2 ‥‥‥PROLOGUE
4 ‥‥‥みんなに見せたくなるお出かけ弁当の基本のしくみ
10 ‥‥この本の使い方

Part 1 　おでかけ弁当の詰め方ルール

12 ‥‥みんなに見せたくなるおでかけ弁当の詰め方ルール

一段目 × 主食

16 ‥‥① おにぎりを竹籠に詰める
17 ‥‥② おにぎりを重箱に詰める
18 ‥‥③ いなり寿司をほうろうに詰める
19 ‥‥④ 巻き寿司を紙箱に詰める
20 ‥‥⑤ ちらし寿司を重箱に詰める
21 ‥‥⑥ 炊き込みごはんをわっぱに詰める
22 ‥‥⑦ サンドイッチを竹籠に詰める
23 ‥‥⑧ オープンサンドをほうろうに詰める
24 ‥‥⑨ 一口そうめんを重箱に詰める
25 ‥‥⑩ そうめんいなりを竹籠に詰める

二段目 × おかず

26 ‥‥① から揚げを重箱に詰める
27 ‥‥② えびフライを重箱に詰める
28 ‥‥③ 肉巻きを重箱に詰める
29 ‥‥④ ポテトサラダを重箱に詰める
30 ‥‥⑤ 肉巻きを重箱に詰める
31 ‥‥⑥ 煮物を重箱に詰める
32 ‥‥⑦ 豚しゃぶサラダを重箱に詰める
33 ‥‥⑧ チャーシューを竹籠に詰める

三段目 × フルーツ&デザート

34 ‥‥① フルーツをほうろうに詰める
35 ‥‥② ゼリーを紙箱に詰める

Part 2 　おでかけ弁当レシピ

38 ‥‥から揚げが定番！運動会の三段重
40 ‥‥贅沢サンドイッチdeピクニック弁当
42 ‥‥スタミナたっぷり！部活差し入れ弁当
44 ‥‥持ちよりに！ 野菜マフィンの箱詰め
46 ‥‥花火大会の絶品おつまみ弁当
48 ‥‥煮物がおいしい！両親への差し入れお重
50 ‥‥女子会で大人気！ ゆる糖質オフ弁当
52 ‥‥公園デートに！憧れのフルーツサンド
54 ‥‥フィンガーフードが大活躍！お花見弁当
56 ‥‥初めてのカジュアルおせち
58 ‥‥朝30分で作る行楽弁当 ①

60 …朝30分で作る行楽弁当②
62 …一人暮らしの息子への愛情弁当

Part 3 おでかけ弁当のおかずバリエーション

定番おかずバリエ

肉

68 …肉巻きバリエ ／71 …から揚げバリエ ／74 …ミートボールバリエ

食材別おかずバリエ

肉

76 …鶏肉おかず ／77 …豚肉おかず ／78 …牛肉おかず ／79 …ひき肉おかず

魚介

80 …えび・ほたてのおかず ／82 …切り身魚おかず ／83 …ちくわ・はんぺんおかず

卵

84 …卵バリエ

赤い野菜

86 …にんじん ／87 …ミニトマト ／88 …赤パプリカ 89 …紫キャベツ

黄色い野菜

90 …かぼちゃ ／91 …とうもろこし ／92 …黄パプリカ ／93 …さつまいも

緑の野菜

94 …小松菜 ／95 …アスパラガス ／96 …ブロッコリー ／97 …ピーマン

白い野菜

98 …かぶ ／99 …カリフラワー／100 …れんこん／101 …玉ねぎ

茶・黒の野菜

102…じゃがいも ／103 …なす ／104 …ごぼう ／105 …きのこ

スピード

106…電子レンジレシピ ／108 …トースターレシピ ／109 …ポリ袋レシピ

Part 4 おでかけ弁当の主食バリエーション

112…おにぎりのおいしい握り方 ／114 …おにぎりバリエ ／116 …炊き込み＆混ぜごはんバリエ
118…ちらし寿司バリエ ／119 …いなり寿司バリエ ／120 …巻き寿司バリエ ／121…サンドイッチバリエ

COLUMN

36 …ピクルス＆漬け物にプラスして楽しむ香草＆スパイス
64 …もっとかわいく！ マスキングテープ＆ワックスペーパー裏技テクニック
66 …Part 1 & Part 2のRecipe
70 …これでマスター！ 肉巻きテク ／73…これでマスター！ チューリップの作り方
110…厚焼き卵の焼き方 ／115 …おにぎりを詰めるときに
123…ちぎりパンの作り方 ／124 …こんなにある！ お弁当箱＆お弁当グッズ

126… さくいん

この本の使い方

◎本書では、重箱などのお弁当箱に詰めるおかずのルールを紹介しています。
◎お弁当に詰めるおかずの分量は4人分が基本です。おかずによっては、作りやすい分量にしています。
◎計量単位は、1カップ＝200ml、大さじ1＝15ml、小さじ1＝5ml、米1合＝180mlとしています。
◎電子レンジは600Wを基本としています。500Wの際は加熱時間を1.2倍にしてください。
◎お弁当のおかずは、必ず粗熱を取ってから詰めてください。

Part 1
おでかけ弁当の詰め方ルール

実際に詰める際の順番をプロセスで紹介しています。

それぞれの詰め方のルールをマークで示しています。

詰め方のコツをわかりやすく解説しています。

Part 2
おでかけ弁当レシピ

シーンごとのお弁当を紹介するとともに、詰め方の解説をしています。

一段ごとのおかずのレシピと詰め方を解説しています。

ルールや詰め方のテクニックについて紹介しています。

Part 3,4
おでかけ弁当のおかず、主食バリエーション

食材別に人気のおかずバリエやおかずレシピを紹介。また、下ごしらえや調理などのプロセスを丁寧に解説しています。

Part 1

> 最初におぼえる

おでかけ弁当の 詰め方ルール

おでかけ弁当を作るときに最初におぼえておきたい詰め方のルール。三段重に詰めるときの基本のしくみを理解したら、次は詰め方をしっかり学んで、実際に詰めていきましょう。手順をわかりやすく写真で紹介します。

みんなに見せたくなる
おでかけ弁当の詰め方ルール

おでかけするときのお弁当は、まわりの人にほめられる「みせ弁」が理想的。そのためにも、みせ弁の詰め方をマスターして。蓋を開けた瞬間に歓声が起こること間違いなし！

詰め方を**パターン化**する

詰め方をパターン化することで、難しい重箱のお弁当も悩むことなく詰められます。ぜひ、いろいろなパターンにチャレンジしてみましょう。

仕切りの形で
詰め方を考える

四角い重箱におかずを詰めるとき、一番最初に考えるのが、何をどこに詰めるのか、ということ。一段目、二段目、三段目に詰めるものを把握したら、今度は、一つ一つの重箱に、どのように詰めるかを考えましょう。まずはP13からの6パターンを参考にしてみて。4分割詰め、縦列詰め、全面詰めなど、詰め方をパターン化しているので、実際に詰めるときに迷わず詰めることができます。

仕切りがなくても
彩りよく見える詰め方

おにぎりやいなり寿司、サンドイッチなど、仕切りの形にこだわらなくてもいい場合は、並べ方をほんの少し工夫してみましょう。例えば、いなりそうめん。普通に詰めるとすぐにほぐれやすいから、細切りにしたのりで2カ所巻いて半分に切れば、立たせて詰めることができます。また、いなりの面と切り口の面を交互に見せることで見た目にリズムがつき、上にトッピングすることで華やかな印象に。

パターン ① 初級編

4分割詰め

一番詰めやすくわかりやすい！
まずはここからチャレンジ！

おでかけ弁当初心者に一番おすすめなのが、4分割詰め。四角い重箱を十字に仕切るように4分割し、それぞれの場所におかずを詰めます。ポテトサラダやキャロットラペなどのサラダは、プラカップに入れて対角線上に置き、反対側の対角線上に2種類のから揚げを詰めれば完成。難しいテクニックもなく、簡単にすっきり美しく詰めることができます。仕切りはハランなどを使うのも◎。

ポテトサラダはプラカップにサラダ菜を敷いてから詰めて彩りよく。

から揚げの油が気になるときは、下にグラシン紙などを敷くとよい。

向かい側と同じ種類や色合いのおかずを詰めるとキレイ。

キャロットラペのような汁けのあるサラダもプラカップに入れて。

ARRANGE
3分割詰め

4分割詰めのアレンジ、3分割詰め。四角い重箱を2分割にした後、片方をもう2分割にして詰めます。大きいスペースにはメインのおかずを多めに、小さいスペースに副菜を。

パターン ② 初級編

縦列詰め

仕切りを縦にすることで
スッキリ&スタイリッシュに

縦列詰めとは、四角い重箱に対して仕切りを縦にして詰めること。おかずの大きさや種類によって、2〜4列ぐらいに詰めていきます。1列ずつ詰めるごとにハランなどの仕切りを入れて詰めると崩れることなく、味や香りも移らないので◎。最後に彩りを見て、グリーンや赤の野菜を散らして仕上げます。縦に詰める場合は、取り出しやすいように串で刺したおかずを詰めるのもおすすめ。

えびフライは取り出しにくいので串に刺す。立体感も出る。

もう一度えびフライの串刺しを縦に並べ、隙間にミニトマトを。

煮卵は、半分に切って断面の黄身を見せた方がキレイ。

メインの鶏の照り焼きを、縦に並べ、アスパラガスを散らして。

パターン ③ 初級編

全面詰め

同じ色が重ならないように バランスを見ながら散らす

サラダや炊き込みごはん、ちらし寿司などは全面詰め。仕切りを入れず、全体にベースの食材を広げて、トッピングを散らします。例えば、ベビーリーフを全面に広げたら、色のアクセントにトレビス、豚しゃぶ、ゆで卵、ミントを散らして。ポイントは、同じ食材が重なったり、色が重ならないように、バランスを見ながら詰めること。サラダのドレッシングは別容器で直前にかけていただきます。

グリーンに赤紫のトレビスは、サラダをより華やかにする。

ゆで豚は水けをよくふいてから散らすと水っぽくならない。

パターン ④ 中級編

センター詰め

真ん中にメインの おかずを入れ まわりにはサブおかずを

から揚げ、卵焼き、サラダなどを詰めるときに、変化をつけたいと思ったら、センター詰めがおすすめ。まわりから1人分ずつの4品ぐらいのおかずを規則的に並べていき、最後にあいた真ん中のスペースに、メインのボリュームのあるおかずを詰めます。こうすることで、茶色いおかずもグッと華やいでおいしそうに。また、まわりの副菜セットは、取り分けるときにスマートです。

ボリューム満点のから揚げは、真ん中にモリモリっと詰めます。

えびのサラダは、1個ずつの素材を組み合わせて美しく並べて。

紫キャベツのマリネは、汁けがあるから小さめのプラカップで。

厚焼き卵は、切り口を上にして、重箱の角に合わせて詰めて。

パターン 5 中級編

斜めセンター詰め

大きく3つに分けて斜めに詰めることでワンランクアップ

四角い重箱を斜めに3等分して両側にハランを敷き、真ん中にメインのおかずを、両端にサブおかずを詰めることで、ワンランクアップした印象に。肉巻きや卵焼き、春巻きなどを詰めるときは、断面がきちんと見えるように、高さを揃えながら切って詰めること。また、隙間ができたら、紫いもの団子やプチトマトなどを散らして彩りもプラス。角に隙間を開けないように詰めることもポイントです。

角は隙間を開けないように、きっちりとメインおかずを並べる。

春巻きも断面を切ってハランに沿って並べて。ゆで卵の黄身を見せて。

厚焼き卵も切り口を上にすることで、彩りをプラス。角に並べて。

パターン 6 上級編

4分割変形詰め

幾何学模様を意識して4分割を繰り返す

炊き込みご飯やすし飯を四角い重箱に詰めるときは、ゴムベラで16等分してから、上に具を順番に並べます。このとき、16等分したうちの4つ分に、それぞれの具をのせて、これを、全体の四角スペースに幾何学模様を意識しながら繰り返します。こうすることで、ただのせただけなのに、ごちそう感やおもてなし感満載の一品に。最後のトッピングは、全体に規則的にのせることがポイント。

4分割の盛りつけを、繰り返して。キレイに切ることがポイント。

一段目 × 主食① おにぎりを竹籠に詰める

詰めたものLIST

焼き鮭とたらこのおにぎり
→作り方P113

ゆかりと青じそのおにぎり
→作り方P114

市販の漬け物
赤かぶ、きゅうり、なすなど

詰め方

STEP 1
ハランを敷く
ハラン6枚を葉先が外側に向くように竹籠に敷き込む。

STEP 2
おにぎりを交互に並べる
2種類のおにぎりを交互に並べる。斜めに傾けて並べるのがコツ。

STEP 3
漬け物を散らす
赤かぶ、きゅうり、なすなどの漬け物をまんべんなく散らす。

詰め方POINT

おにぎりの形を揃えると見た目も綺麗に仕上がる!

アルミホイルやラップで包むのが定番のおにぎりも、竹籠なら、見た目にも上品でオシャレなお弁当に早変わり。ハランを敷けば、おにぎりを詰めることができ、防腐作用も期待できます。2種類のおにぎりを交互に並べ、漬け物を散らして、見た目に動きを出して並べるのがコツ。

一段目 × 主食 ②

おにぎりを重箱に詰める

詰めたものLIST

 黒米とじゃこの
おにぎり
→作り方P114

 緑の豆と桜えびの
おにぎり
→作り方P114

詰め方

STEP 1

オーブンシートを敷いておにぎりを真ん中に置く
オーブンシートを切って重箱に敷き込み、真ん中におにぎりを置く。

STEP 2

グラシン紙で包んだおにぎりを十字に置く
グラシン紙で包んだおにぎりをおにぎりの回りに十字に置く。

STEP 3

残りのスペースにおにぎりを詰める
残りのスペースに、もう1種類のおにぎりを詰める。

詰め方POINT

おにぎりをグラシン紙とマスキングテープで包んで

おにぎりをグラシン紙で包む、オシャレで取り出しやすいアイデア。グラシン紙はおにぎりの幅に合わせて長方形に切り、両端を三角形に折ります。真ん中におにぎりをのせて両端を寄せて包み、マスキングテープで留めるだけ。マスキングテープはお好みのものを使うのが◎。

| 一段目 × 主食 ③ | # いなり寿司を ほうろう に詰める

詰めたもの LIST

れんこんと梅酢のいなり寿司
→作り方 P119

詰め方

STEP 1
いなり寿司を両サイドに並べる

いなり寿司を丸のまま、斜めにしながら左右両サイドに並べる。

STEP 2
一口いなりを詰める

半分に切ったいなり寿司を寿司めしの面を上にして縦に詰める。

STEP 3
ごまをふる

真ん中の縦に詰めた寿司めしの上に黒ごまと白ごまを交互にのせる。

詰め方 POINT

いなり寿司を半分に切って、空いたスペースを有効に活用

ほうろう容器にいなり寿司を詰める場合、真横に並べてしまいがちですが、ここは少し一工夫を。いなり寿司を斜めにしながら両サイドに1列に並べ、空いたところに半分に切ったいなり寿司の断面を見せながら詰めることで一気にオシャレに。仕上げにふるごまが全体のアクセントに。

一段目×主食④　巻き寿司を<u>紙箱</u>に詰める

詰めたものLIST

キンパ
→作り方P120

詰め方

STEP 1

グラシン紙を
敷いてキンパを
端から詰める

グラシン紙を紙箱に敷き込み、キンパを立てて並べる。

STEP 2

キンパの切り口を
上にして詰める

2列目はキンパの切り口を上にして下に3個、上に2個のせる。

STEP 3

同様に詰める

残りのスペースに、STEP1と2を繰り返して詰める。

詰め方POINT

和菓子の空き箱を利用して、おでかけ風に詰める

紙箱を利用するときはグラシン紙を敷きましょう。横幅に合わせた長方形と縦幅に合わせた長方形に切ったグラシン紙を組み合わせ、箱に敷き込んで、上をマスキングテープで留めるだけでオシャレに。巻き寿司はのりの面と切り口を交互に並べることで見映えがよくなります。

一段目 × 主食 ⑤

ちらし寿司を重箱に詰める

詰めたものLIST

3目ちらし
→作り方P118

トッピング
ボイルえび…4尾
スモークサーモン…4枚
塩ゆでグリーンアスパラガス…4本
厚焼き卵（P110参照）…5mm厚さを2枚
いくら…小さじ4
木の芽…4枚
ディル…適量

詰め方

STEP 1
ハランを敷き、酢めしを詰めて12等分に区切る
ハランを敷いた重箱に酢めしを平らに詰め、ヘラで12等分に区切る。

STEP 2
モザイクのように具をのせる
切り目に合わせて、角から具を4つのせ、残りの3面も同様にする。

STEP 3
飾りつける
サーモン→ディル、厚焼き卵→いくら、えび→木の芽をのせる。

詰め方POINT

ちらし寿司は、重箱に詰めてから4～5cm角にヘラで区切る

重箱にちらし寿司を詰めるときは平らになるように全面に詰めてから、ゴムベラで16等分になるように線をつけて区切るとラク。4つのスペースにそれぞれ具をのせ、それを全体に繰り返すことで、幾何学模様のようなオシャレな印象に。トッピングをのせれば、さらに華やかに。

一段目 × 主食 ⑥ 炊き込みごはんをわっぱに詰める

詰めたものLIST

あさりの
エスニック
炊き込みごはん
→作り方P116

グリーンサラダ

材料と作り方(4人分)
ズッキーニ½本、グリーンアスパラガス3本、ブロッコリー4房、カリフラワー4房は食べやすい大きさに切り、さっと塩ゆでし、オリーブオイル大さじ½、ナンプラー大さじ½であえる。半分に切ったグリーンミニトマト4個、ざく切りにしたスプラウト、ミント、パクチー各適量をのせる。

詰め方

STEP 1

オーブンシートを敷く

くっつき防止にわっぱに合わせてオーブンシートを切り、底に敷く。

STEP 2

ごはんを詰めて4等分に区切る

ごはんを平らに詰め、ゴムベラで十字になるよう4等分に区切る。

STEP 3

サラダを盛る

下味をつけた緑の野菜を盛りつけ、上にスプラウトなどをのせる。

詰め方POINT

ドレッシングであえたゆで野菜、生野菜の順に盛る

様々な種類の緑の野菜を盛り合わせ、1色にこだわったオシャレな詰め方。全面詰めなので、同じ野菜が重ならないようにバランスを見ながら盛りつけましょう。ごはんは取りやすいよう4分割に区切り、上にゆで野菜をバランスよくのせてから、その上に生野菜を全体に散らします。

| 一段目 × 主食 ⑦ | サンドイッチを竹籠に詰める

詰めたものLIST

厚焼き卵と
ハムきゅうりサンド
→作り方P121

詰め方

STEP 1  紙ナフキンとグラシン紙を敷く

竹籠に紙ナフキンを敷き、上にグラシン紙を重ねる。

STEP 2  切り口の面とパンの面を交互に詰める

一口サイズのサンドイッチを切り口、パンの面と交互に入れる。

STEP 3 パンの面にピックを刺す

隣の列とかぶらないように交互に詰め、パンの面にピックを刺す。

詰め方POINT

切り口の面とパンの面を交互に。さらにピックで食べやすく

切り口とパンの面を交互に隙間なく詰めることにより、見た目に変化がつきます。またピックが刺さったサンドイッチを先に取り出すと、切り口を上にしたサンドイッチも取りやすくなります。紙ナフキンとグラシン紙を重ねるのも竹籠が汚れない裏技です。

22

一段目×主食⑧ オープンサンドを*ほうろう*に詰める

詰めたものLIST

オープンサンド
→作り方P122

詰め方

STEP 1
切り目を入れて
サラダ菜をはさむ

パンの表面に切り目を
入れ、バターを塗り、
サラダ菜をはさむ。

STEP 2
いろいろな具を
好みで詰める

P122のレシピを参考
に、いろいろな具を彩
りよくはさむ。

STEP 3
飾りつけして
ほうろうに戻す

仕上げにケチャップや
マヨネーズなどで飾り
つけをする。

詰め方POINT

オーブンシートとマスキングテープで包む

ちぎりパンはほうろうを型にして焼けば、一度はずしてから飾りつけし、そのまま戻して容器としても使えて便利。持ち運ぶときは、大きめのオーブンシートで全体を包んで上でまとめ、お好みのマスキングテープで留めると形も崩れず、ケチャップやマヨネーズの飾りつけも保たれます。

23

一段目 × 主食 ⑨

一口そうめんを重箱に詰める

詰めたものLIST

一口そうめん

そうめんのゆで方（4人分）
そうめん（乾燥）300gを表示通りにゆでて冷水でよく洗い、ザルに上げて水けをしっかりきり、ごま油小さじ1、塩小さじ1/3をあえる。

トッピング
ボイルえび…5尾
塩ゆでオクラ…3本
長いもの梅酢漬け
（7mm角）…大さじ4
ちりめんじゃこ…小さじ4
万能ねぎ（小口切り）
　…2本分
白炒りごま…大さじ1
青じそ…9枚

詰め方

STEP 1

青じそを敷いてそうめんをのせる

重箱に青じそを敷き、一口大に巻いたそうめんを9個のせる。

STEP 2

具をのせる

上にボイルえび×オクラ、長いもの梅酢漬け×じゃこをのせる。

STEP 3

万能ねぎとごまを散らす

全体に万能ねぎと白ごまをちらす。めんつゆは別容器に。

詰め方POINT

青じそを敷いて一口大に巻いたそうめんをのせる

白い陶器の重箱には青じそを全面に敷き込むことで、彩りと香りをプラス。そうめんはフォークを使うと一口大に巻きやすいです。具をのせるときは、巻き終わりが目立たないように、真ん中のくぼみにのせるとキレイに仕上がります。一列ずつ詰めていくのがポイントです。

一段目 × 主食⑩ そうめんいなりを竹籠に詰める

詰めたものLIST

そうめんいなり
→作り方P119

詰め方

STEP 1

ハランを敷く
竹籠にハランの葉先が外側に出るように3列に敷き込む。

STEP 2

そうめんいなりの切り口を上と下に交互に詰める
そうめんの切り口を上にしたものと下にしたものを交互に詰める。

STEP 3

トッピングをのせる
P119を参考に、香味野菜、いくら、鶏そぼろなどをのせる。

詰め方POINT
竹籠に詰めてからトッピングをのせる

そうめんいなりの両側を細長く切った焼きのりで留めることで、崩れにくく食べやすくなります。真ん中で切って、切り口を上にしたものと下にしたものを交互に詰めて変化をつけるのがポイント。トッピングは竹籠に詰めたあとにのせましょう。バランスを見ながらのせるのがコツ。

二段目×おかず① から揚げを重箱に詰める

詰めたものLIST

王道
から揚げ
→作り方
P71

厚焼き卵
→作り方
P110

えびと
カラフル野菜の
レモンサラダ
→作り方P80

紫キャベツ
のマリネ
→作り方
P89

詰め方

STEP 1

順番を決めて並べる
厚焼き卵、サラダ、カップに入れた紫キャベツのマリネの順番に。

STEP 2

決めた順番でまわりに詰める
厚焼き卵、サラダ、マリネの順番でまわりに詰めていく。

STEP 3

残りのスペースにから揚げを詰める
残りの中心のスペースにメインのから揚げをこんもりと詰める。

詰め方POINT

地味なメインのまわりには彩りがキレイなおかずで華やかに

から揚げなどのメインおかずは、先にまわりを詰めてから盛りつけるとうまくいきます。マリネなど汁けの多いものはプラスチックのカップに入れること。色が地味なおかずはまわりに彩りのおかずを詰める、また、並べる順番を規則的にすることで、上品かつ華やかな印象を与えます。

二段目×おかず②　えびフライを重箱に詰める

詰めたものLIST

 えびフライ
→作り方 P80

 鶏の照り焼き
→作り方 P76

 味つけ卵
→作り方 P85

塩ゆでグリーンアスパラガス
カラフルミニトマト

詰め方

STEP 1

オーブンシート&ハランを敷いて端から縦に詰める
オーブンシートを敷き、ハランを縦に敷いてえびフライを縦に詰める。

STEP 2

ハランで仕切ってさらに縦に詰める
ハランを斜めに敷き、半分に切った味つけ卵を縦に詰める。

STEP 3

縦に詰めるを繰り返す
ハラン→えびフライ→ハラン→照り焼きを詰め隙間に野菜を散らす。

詰め方POINT

えびフライは丸めて串揚げに。取り出しやすく食べやすい

えびフライは長いまま揚げると詰めにくいので、衣をつけたら、竹串などに丸めて刺して揚げるのがオススメ。串が長すぎたら折って、先端をマスキングテープでくるっと巻くと安全でかわいい印象に。串揚げを詰めるときは縦に詰めると取り出しやすく、詰めやすくなります。

二段目 × おかず ③

肉巻きを重箱に詰める

詰めたものLIST

豚肉と
漬け物の
肉巻き
→作り方P68

スモーク
サーモンと
ゆで卵の
春巻き
→作り方P66

ほうれん草の
厚焼き卵
→作り方
P84

紫いもの
お団子
→作り方
P107

詰め方

STEP 1 重箱の対角に厚焼き卵と春巻きを置く
重箱の対角に、卵焼きと春巻きの切り口を上にして並べる。

STEP 2 エゴマを敷いて肉巻きをのせる
エゴマの葉を対角に敷いて、肉巻きの切り口を上にして詰める。

STEP 3 紫いものお団子を隙間に詰める
肉巻きの隙間部分に、紫いものお団子を入れて彩りを添える。

詰め方POINT

エゴマを敷いて彩り&仕切り&食中毒の予防に！

対角に詰めたおかずにエゴマの葉を両側に敷き、真ん中に肉巻きのメインおかずを詰めることで、仕切りの役目と一緒に彩りも添えてくれます。

また、卵焼き、春巻き、肉巻きも全て切り口を上にして詰めることもポイント。さらに華やか&鮮やかなお弁当に仕上げることができます。

二段目×おかず④　ポテトサラダを重箱に詰める

詰めたものLIST

 ピリ辛から揚げ →作り方P71

 青のり塩から揚げ →作り方P71

 卵ポテサラ →作り方P102
 サラダ菜…適量

 キャロットラペ →作り方P86

詰め方

STEP 1
重箱に合わせたカップを入れる
大きさ違いのプラスチックカップを対角に重箱に入れます。

STEP 2
カップにポテサラとラペを詰める
カップにサラダを詰める。ポテサラにはサラダ菜を敷く。

STEP 3
残りのスペースにから揚げを詰める
残りのスペースに、から揚げ2種類をそれぞれ詰める。

詰め方POINT

汁けのあるものや崩れやすいものはカップを使って仕切る

この詰め方は4分割詰めといって、重箱を十字に仕切り、4分割したスペースに詰めるパターン。汁けのあるものや崩れやすいものを詰めるときは、プラスチックカップに入れれば、形を保ちつつ、汁もれの心配もありません。残ったスペースにメインの形のあるおかずを詰めれば完成。

二段目 × おかず ⑤　肉巻きを重箱に詰める

詰めたものLIST

王道ミートボール
→作り方P74

アスパラグラッセ
→作り方P95

卵カステラ
→作り方P85

紫キャベツと赤パプリカのマリネ
→作り方P89

詰め方

STEP 1

マリネとカステラを手前に詰める
マリネはカップに入れ、卵カステラは形が見えるように手前に詰める。

STEP 2
 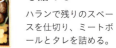
ハランで仕切り、ミートボールを詰める
ハランで残りのスペースを仕切り、ミートボールとタレを詰める。

STEP 3

アスパラグラッセをのせる
彩りにアスパラグラッセをミートボールの上にのせる。

詰め方POINT

防腐作用のあるハランを使って仕切る

重箱を3分割にした詰め方です。手前はプラスチックカップを仕切りにして詰めましたが、残りのスペースはハランを使って仕切ります。ハラン2枚で楕円形を作り、残りのスペースにはめ、その上にミートボールを詰めましょう。から揚げなどを詰めるのにもオススメです。

二段目×おかず⑥　煮物を重箱に詰める

詰めたものLIST

 筑前煮
→作り方P66

 ごぼうの
きんぴら
→作り方P104

詰め方

STEP 1

重箱の対角に
きんぴらを置く

重箱の対角に笹の葉を
丸めて仕切りを作り、
きんぴらを詰める。

STEP 2

残りのスペースに
筑前煮を詰める

残りのスペースに筑前
煮を隙間がないように
詰める。

STEP 3

絹さやと赤唐辛子
をのせる

塩ゆでした絹さやを筑
前煮に散らし、赤唐辛
子をきんぴらにのせる。

詰め方POINT

詰めにくいきんぴらは、防腐作用を持つ笹の葉に包む

きんぴらは、そのまま重箱に詰めてもすぐ崩れるので、笹の葉をカップにして重箱の角に入れ、そこにきんぴらを詰めるのが◎。また、筑前煮のような具だくさんの煮物を詰めるときは、同じ食材が重ならないように立てながら詰め、彩りのにんじんと絹さやは最後に散らすのが◎。

二段目 × おかず ⑦　豚しゃぶサラダを重箱に詰める □

詰めたものLIST

 豚しゃぶサラダ →作り方P77

 ゆで卵

ミント…適量

詰め方

STEP 1

野菜を敷き詰める

ベビーリーフを重箱に敷き詰め、トレビスをバランスよく散らす。

STEP 2

ゆで卵を入れる

縦8等分にしたゆで卵を全体に彩りよくのせる。

STEP 3

豚肉を入れてミントを散らす

豚肉を残りのスペースにのせ、上からミントを散らす。

詰め方POINT

野菜をいっぱい敷き詰める and ドレッシングは別に！

豚しゃぶサラダは、重箱1段を使って全面に詰めるのが◎。ドレッシングは先にかけてしまうと、水分が出てしんなりしてしまうので、重箱にはサラダの材料だけを詰めて、ドレッシングは別に持って行きましょう。野菜は重箱いっぱいに敷き詰めるのも見映えがよくなるポイント。

二段目×おかず⑧ チャーシューを竹籠に詰める

詰めたものLIST

 チャーシュー（韓国風ダレ）→作り方P77

 チャーシュー（中華風ダレ）→作り方P77

| サラダ菜…適量
| エゴマ…適量
| パプリカ（赤・黄）…各適量
| みょうが…適量

詰め方

STEP 1 オーブンシートを敷いて、肉を両サイドに並べる
竹籠にオーブンシートを敷き、2種類のチャーシューを縦に並べる。

STEP 2 残りのスペースにハランを敷いて野菜をのせる
ハランを真ん中に敷き、その上にサラダ菜などの野菜をのせる。

STEP 3 肉にタレをかける
2種類のチャーシューそれぞれにタレをかける。

詰め方POINT

野菜にタレがつかないようにハランで仕切る

持ちよりのパーティーなどにも喜ばれるチャーシュー＆生野菜。チャーシューの横にハランを敷いて仕切るのは、生野菜にチャーシューのタレや肉汁がしみるのを防ぐため。タレをかけるのが気になるときは、タレはかけずに、プラスチックの容器に入れて持っていくのもオススメです。

三段目 × フルーツ&デザート① フルーツを**ほうろう**に詰める

詰めたものLIST

 ぶどう…½房

 りんご…1個

 アメリカンチェリー…20〜25個

 キウイフルーツ…2個

ミント…適量

詰め方

STEP 1

端から縦に入れる
ぶどうはよく洗って実を外し、容器に合わせて縦に詰める。

STEP 2

彩りよく縦に詰める
次にりんごの角切り、アメリカンチェリーを縦に詰める。

STEP 3

ミントを散らす
キウイフルーツを残りのスペースに詰め、ミントを散らす。

詰め方POINT

フルーツは彩りよく縦に詰める

シックな色のフルーツ、パープル系を含むフルーツを縦に詰めると、バラバラになりがちなフルーツもオシャレにまとまります。また、似た色が隣にならないように、フルーツを選ぶこともポイント。境目がまっすぐにならないときは、ミントの葉を散らすと気にならなくなります。

三段目 × フルーツ&デザート②　ゼリーを紙箱に詰める

詰めたものLIST

缶詰で
フルーツゼリー
（オレンジ
ジュース）
→作り方P66

缶詰で
フルーツゼリー
（グレープフルーツ
ジュース）
→作り方P66

ぶどう…1/4房

アメリカンチェリー
…10〜15個

詰め方

STEP 1
グラシン紙を敷いてゼリーを入れる
空き箱に紙ナフキンとグラシン紙を敷き、ゼリーを入れる。

STEP 2
隙間にフルーツを詰める
紙箱の隙間にぶどうなどの水けの出ないフルーツを詰める。

STEP 3
カップの蓋をしてスプーンをつける
ゼリーカップの蓋をし、小さなスプーンをマスキングテープで留める。

詰め方POINT

空き箱にグラシン紙を敷く

水けのあるフルーツなどを紙箱に入れるときは、必ずグラシン紙を敷きましょう。そのまま入れると紙箱がフニャフニャになり、破けやすくなります。ゼリーを作るときは蓋つきのプラスチックカップが便利。蓋の上にミニスプーンをのせて留めれば、さらにかわいくなり、実用的。

35

column

ピクルス＆漬け物に
プラスして楽しむ香草＆スパイス

ピクルスと漬け物は、基本の漬け汁があれば、そこにプラスαすることで、バリエーションが広がります。

基本のピクルス液

鍋にりんご酢大さじ2、砂糖大さじ1、塩小さじ½、こしょう少々、ローリエ1枚、水100mlを入れて沸騰させ、粗熱が取れたら、塩でもんでしんなりした野菜を加えて冷蔵庫で漬ける。

カレー粉、八角、にんにく、レモン、はちみつ、シナモンなどを加えて味に変化をつけて。

基本の漬け物液

保存袋にしょうがのせん切り2枚分、だし汁100ml、酢大さじ½、塩小さじ⅛、薄口しょうゆ小さじ⅔を入れてよく混ぜ、適当な大きさに切った野菜を加えて30分ほど冷蔵庫で漬ける。

和のハーブと呼ばれるみょうが、青じそ、しょうが、にんにくなどをプラスして。

\ miseben /

Part 2

> シーン別

おでかけ弁当 レシピ

運動会、ピクニック、花火大会など、あらゆるシーンでおすすめしたい「みせ弁」をたっぷりご紹介。Part1で学んだ詰め方のルールを応用して、シーンごとに喜ばれるおかずのレシピ、詰め方のコツをマスターしましょう。

おでかけ弁当レシピ 〈運動会編〉

三段目
三段目は冷たいものを詰めるのがポイント。カップとカップの隙間にスティックきゅうりの浅漬けを詰めて。

二段目
3つのブロックに分けて詰めるとスッキリとした印象に。区切りにもハランを使うのがオススメ。

一段目
下にハランを敷いてから並べると殺菌、防腐効果が。おにぎりも酢めしだから傷みにくいのがポイント。

運動会の主役といえば、なんといっても三段重のお弁当。これぞ、ザ・みせ弁！として自慢できること間違いなしです。

から揚げが定番！運動会の三段重

一段目 手まりおにぎり

材料（4人分）
〈酢めし〉
炊きたてのごはん…720g
白ワインビネガー…100ml
砂糖…大さじ½
はちみつ…大さじ1
塩…小さじ⅓
ミント（みじん切り）…適量
〈トッピング〉
生ハム…4枚
スモークサーモン…4枚
ディル・ミント…各適量

作り方
1. 鍋に白ワインビネガーを入れ、半量になるまで煮詰めたら、砂糖、はちみつ、塩を加えて溶かし、冷ます。
2. ごはんに1を混ぜ、ミントを加えて混ぜる。
3. 2を⅛量ずつ丸に握り、生ハムとスモークサーモンをそれぞれ巻き、生ハムのおにぎりにはミントをはさむ。
4. 3をそれぞれラップで包んでしっかり握る。スモークサーモンのおにぎりにディルをのせる。

POINT
白ワインビネガーは酸味が強いため、酢めしに使うときは煮詰めて酸味を飛ばすと食べやすくなります。

二段目

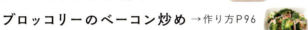

チューリップから揚げ →作り方P72
ブロッコリーのベーコン炒め →作り方P96
カリカリ梅の厚焼き卵 →作り方P84

三段目 レモンゼリー

材料（4人分）
アガー…15g
砂糖…50g
水…400ml
レモン汁…40ml

作り方
1. 鍋にアガー、砂糖を入れてしっかりと混ぜ、水を少しずつ加えて溶かす。
2. 1を中火にかけ、かき混ぜながら沸騰させ、レモン汁を加えて火を止め、粗熱を取る。
3. 2をカップに入れ、冷蔵庫で冷やす。

POINT
ふるふるのとろけるゼリーを作るには、アガーがオススメです。常温でも型崩れしないので持ち運びに◎。

スティックきゅうりの浅漬け

材料（4人分）
きゅうり…2本
梅干し…2個
白だし…大さじ½
レモン汁…大さじ1

作り方
1. きゅうりは皮を縞目にむき、3〜4等分の長さに切る。梅干しは種を除く。
2. 保存袋に1、白だし、レモン汁を入れ、1時間以上漬ける。
3. 2にスティックを刺す。

詰め方POINT

手でつかんで取り出しやすい工夫を

運動会のお弁当は手でつかんで食べやすくなる工夫をしましょう。チューリップから揚げの持ち手はオーブンシートで包み、ビニタイで留めます。漬け物はピックを刺して。

おでかけ弁当レシピ
〈ピクニック編〉

一段目
紙の空き箱にオーブンペーパーと紙ナフキンを敷き、斜めに主食のサンドイッチを並べて。

三段目
ミルクゼリーは4つ分弁当箱に入れて。フルーツの角切りは、別の容器などに入れて食べる直前にのせても。

二段目
メインおかずはここに。揚げ物を詰めるときは、紙ナフキンを敷いて。マリネはカップに入れて詰めます。

天気のいい日は手軽に作れるサンドイッチを持っておでかけしましょう。いもむしサンドならインパクトもあってSNS受けもバッチリ。

40

贅沢サンドイッチdeピクニック弁当

| 一段目 | いもむしサンド →作り方P122 |

| 二段目 | パプリカと玉ねぎのマリネ →作り方P88 |

コンソメ風味のポテトフライ

材料（4人分）
じゃがいも…2個
粉末コンソメスープの素
　　…小さじ1
薄力粉…大さじ1
揚げ油…適量

作り方
1　じゃがいもはよく洗い、水けをよくふき取り、皮つきのまま縦に8等分にする。
2　保存袋にコンソメスープの素、薄力粉を混ぜ合わせ、1を加えてふり混ぜる。
3　2を170℃の揚げ油で揚げる。

POINT
素揚げもおいしいですが、薄力粉をまぶすことで外側がサクサク、中はホクホクの仕上がりになります。

フィッシュフライ

材料（4人分）
かじきまぐろの切り身
　　…4切れ（400g）
塩…小さじ1/3
ガラムマサラ…小さじ1
衣｜片栗粉…大さじ4
　　薄力粉…大さじ2
　　ベーキングパウダー
　　　…小さじ2/3
　　ガラムマサラ…小さじ1/4
　　卵白…1個分
　　水…大さじ1 1/2
揚げ油…適量
粗びき黒こしょう…少々
パセリ（みじん切り）…適量

作り方
1　かじきまぐろは縦に3等分に切り、塩をふって冷蔵庫で30分ほどおく。余分な水けをふき取り、ガラムマサラをまぶす。
2　ボウルに衣の材料を入れてよく混ぜ、1をくぐらせ、170℃の揚げ油できつね色になるまで揚げる。
3　仕上げに粗びき黒こしょうをふり、パセリを散らす。

POINT
コンソメ風味のポテトフライと味がかぶらないように、衣にガラムマサラを加えてスパイシーな味つけにします。

| 三段目 | ## ミルクゼリー |

材料（4人分）
アガー…10g
砂糖…80g
水…200ml
牛乳…250ml
メロン・パイナップルなど、
　好みのフルーツ…適量

作り方
1　鍋にアガー、砂糖を入れてしっかりと混ぜ、水を少しずつ加えて溶かす。
2　1を中火にかけ、かき混ぜながら沸騰させ、温めた牛乳を加えて火を止め、粗熱を取る。
3　2をカップに入れ、冷蔵庫で冷やす。固まったら角切りにしたフルーツをのせる。

詰め方POINT

空き箱利用がおすすめ

ピクニックなど外で食べるお弁当は、食べた後のお弁当箱を持ち帰るのが面倒、ということはありませんか？お菓子などが入っていた紙の空き箱は利用価値大。食べ終わったら捨てられるので手軽です。

おでかけ弁当レシピ
〈部活差し入れ編〉

三段目
少し甘いデザート風大学いもとトマトのピクルスを。汁けのあるピクルスはプラスチックカップに入れて。

一段目
ボリューム満点の豚肉&牛肉の肉巻きおにぎりは縦列詰めに。粗熱が取れてから、交互に並べましょう。

二段目
メインおかずは、ゆで卵の切り口を上にして並べて。隙間が気になるときは、レタスやゆで野菜を添えても。

子どもの部活に差し入れしたい、ボリューム満点のお弁当。食べ応えがあってスタミナがつき、すぐにエネルギーになるものが◎です。

スタミナたっぷり！部活差し入れ弁当

一段目 肉巻きおにぎり

材料（8個分）
塩ごはん（P113参照）…800g程度
豚肩ロースしゃぶしゃぶ用肉
　…8〜16枚
牛肩ロースしゃぶしゃぶ用肉
　…8〜16枚
みょうが（粗みじん切り）…2本分
青じそ（粗みじん切り）…5枚分
塩・こしょう・薄力粉…各少々
タレ｜しょうが・にんにく
　　　（すりおろし）…各小さじ1
　　　めんつゆ（3倍濃縮）
　　　…大さじ3

作り方
1 塩ごはん、みょうが、青じそをよく混ぜ、1/8量ずつラップに包んで俵型に握る。おにぎりが人肌に冷めたらラップを外す。

2 肉に塩、こしょうをふり、1のおにぎり1個につき、肉を2〜4枚巻き、手で密着させながら形を整え、薄力粉を薄くまぶす。これを各4個ずつ作る。

3 2にタレの2/3量をよく絡ませ、170℃に熱したオーブンで15分ほど焼き、熱いうちに残りのタレを塗る。

POINT
おにぎりに肉を巻いたら、薄力粉を全体に薄くまぶします。タレが絡みやすくなり、味がしっかりつきます。

二段目 爆弾スコッチエッグ →作り方P75
※パセリのみじん切り適量を散らす

三段目 ミニトマトのハニーレモンピクルス →作り方P87
ピーナッツ大学いも →作り方P93

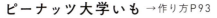

おにぎりの肉巻きアイデア

ガーリック炒飯肉巻きおにぎり
ごはんにガーリックチップ、小口切りにした万能ねぎ、めんつゆを加えて俵型に握り、牛肉にめんつゆとにんにくのすりおろしを混ぜたものを絡ませて巻く。

ベーコン巻きおにぎり
ごはんに粒コーンとしょうゆを混ぜて俵型に握り、ベーコンを巻いてとじ目に片栗粉をつけ、とじ目を下にして焼く。

たけのこ牛肉の肉巻きおにぎり
俵型のおにぎりに、薄切りにしたたけのこの穂先をのせ、牛肉でたけのこが見えるように巻き、しょうがじょうゆで焼く。

青椒肉絲肉巻きおにぎり
花山椒塩を混ぜた俵型のおにぎりに、せん切りにしたパプリカ（赤・黄）をのせ、豚肉でパプリカが見えるように巻き、オイスターソースとしょうゆを合わせたタレを塗って焼く。

詰め方POINT

蓋つきのほうろう容器が便利

部活に差し入れするお弁当なら、大きめのほうろうで蓋つきの容器を選びましょう。残った時も保管しやすく、重ねて冷蔵庫に置けるから便利です。洗うときも、汚れも取れやすいのでオススメです。

おでかけ弁当レシピ
〈持ちより編〉

お友達の家にお呼ばれしたら、野菜マフィンを素敵な紙箱に入れてお土産に。おやつとしてはもちろん、ワインにも意外と合いますよ。

持ちよりに！野菜マフィンの箱詰め

クリームチーズと
セミドライトマトのマフィン＆
枝豆とスモークサーモンのマフィン

材料（各3個分）
- A
  - 薄力粉…250g
  - きび砂糖…60g
  - ベーキングパウダー…大さじ1
  - 塩…2g
- 無塩バター…100g
- B
  - 全卵…2個
  - 牛乳…100ml

〈クリームチーズと
　セミドライトマト〉
- クリームチーズ…60g
- セミドライトマト…2枚

〈スモークサーモンと枝豆〉
- スモークサーモン…4枚
- 枝豆…40粒
- 粉チーズ…小さじ2

作り方

1 Aはしっかりと混ぜ合わせておく。バターは1.5cm角に切って冷蔵庫で冷やしておく。

2 フードプロセッサーの中に1を入れ、全体がほろほろの状態になるまで撹拌する。さらにBを加えてひとまとまりになるまで撹拌する。

3 クリームチーズは1cm角に切り、冷凍しておく。セミドライトマトは1cm幅に切る。

4 スモークサーモンは大きめにちぎり、枝豆は薄皮をはがす。

5 2の生地を2つに分け、3、4をそれぞれ生地にざっくりと混ぜる（混ぜすぎると膨らまなくなるので注意）。

6 5をそれぞれ3等分にしてカップの7分目まで入れ、スモークサーモンと枝豆には粉チーズをふる。170℃に熱したオーブンで13～15分焼く。

POINT
フードプロセッサーを使う場合は、バターを室温に戻さなくてもOK。混ぜやすいように小さく切って。

おやつ系マフィンRecipe

甘い生地で
かぼちゃとくるみのマフィン＆チョコバナナマフィン

材料（各3個分）
- A
  - 薄力粉…250g
  - きび砂糖…120g
  - ベーキングパウダー…大さじ1
  - 塩…2g
- 無塩バター…100g
- B
  - 全卵…2個
  - 牛乳…100ml
- かぼちゃ…1/8個
- くるみ（粗く刻んだもの）…大さじ5
- バナナ…1本
- 板チョコ…1枚

作り方

1 マフィン生地は上記の作り方1、2と同様に作る。

2 かぼちゃは2cmの角切りにし、ラップをして電子レンジで1分30秒加熱し、そのまま2分ほどおき、粉砂糖（分量外）小さじ1を回しかける。バナナは7mm幅の薄切りにし、粉砂糖小さじ1を回しかける。チョコは大きめに割る。

3 上記の作り方5、6と同様にかぼちゃ×くるみ、バナナ×チョコのマフィンを作る。

詰め方POINT

洋菓子のかわいい空き箱を利用して

マフィンは、洋菓子のかわいい空き箱を利用するのがオススメ。下にはオーブンシートを敷いて、ただ並べるだけでオシャレなお土産風に。蓋にも油がしみないようにオーブンシートをのせておくと安心。

おでかけ弁当レシピ
〈花火大会編〉

一段目
竹皮を敷いておにぎりを詰めて。竹皮は防腐作用のほか、通気性がいいのでおいしさをキープ。

二段目
3種類のおかずを縦列詰めで素敵に。仕切りは竹皮を使えば、味移りもしないのでおすすめ。

夏の風物詩、花火大会にみんなで集まるときは、ビールによく合うおかずとおにぎりを。竹籠に詰めて浴衣姿によく合う和の雰囲気を楽しんで。

花火大会の絶品おつまみ弁当

一段目 たこと梅の
炊き込みごはんおにぎり

材料（10個分）
たこと梅の炊き込みごはん
（P116参照）…900g程度
青じそ（せん切り）…3枚分

作り方
1 たこと梅の炊き込みごはんを1/10量ずつラップに包んで平たい丸に握る。
2 おにぎりが人肌に冷めたらラップを外し、青じそを散らす。

POINT
おにぎりだけだとお弁当の色がぼやけてしまうので、青じそのせん切りを散らして彩りをプラスしましょう。

二段目 う巻き →作り方P84

はんぺんで3種のさつま揚げ

材料（4人分）
はんぺん（大）…2枚
A 卵白…1個分
　片栗粉…大さじ4
　砂糖…小さじ1
　塩…小さじ1/4
紅しょうが…小さじ2
枝豆…40粒
コーン缶…大さじ2
揚げ油…適量

作り方
1 ポリ袋にはんぺんを入れてつぶす。
2 フードプロセッサーに1とAを入れ、なめらかになるまで攪拌する。
3 2の生地を3等分にし、水けをしっかりきった紅しょうが、枝豆、汁けをきったコーンをそれぞれ加えて混ぜる。
4 スプーン2つを使って形を整え、160℃の揚げ油で焦げめがつき過ぎないように揚げる。

POINT
スプーンを2つ使うとキレイに仕上がります。片方ですくい、片方で形を整え、揚げ油に落とし入れます。

カラフル肉詰めピーマン

材料（4人分）
赤・オレンジ・緑・黄色の
　カラーピーマン…各1個
A 豚ひき肉…200g
　玉ねぎ（みじん切り）
　　…大さじ3
　しょうが（みじん切り）
　　…小さじ1
　片栗粉…大さじ1
　酒・しょうゆ・白炒りごま
　　…各大さじ1/2
B 白だし…大さじ1
　みりん…大さじ1 1/2
片栗粉…少々
サラダ油…大さじ1/2

作り方
1 ピーマンは2cm幅の輪切りにし、ヘタと種を除き、内側に片栗粉を薄くまぶす。
2 1にしっかり混ぜ合わせたAを詰め、ひき肉の表面に片栗粉を薄くまぶす。
3 フライパンにサラダ油を熱し、2の片面を中火でしっかり焼き色をつけ、裏返して蓋をし、弱火で3〜4分焼き、Bを加えて絡める。

POINT
緑のピーマンだけでもできますが、カラーピーマンを使えばお弁当全体が鮮やかになり、食欲もわきます。

詰め方POINT

**竹皮で防腐効果
&和の雰囲気作りを**

浴衣姿で日本の風物詩を楽しむ花火大会には、和のお弁当で雰囲気作りを。中でも竹籠と竹皮の組み合わせは、防腐作用効果バツグンなので、夏の暑い時期にピッタリです。竹皮は仕切りにも使えて便利。

おでかけ弁当レシピ
〈両親への差し入れ編〉

三段目
箸休めとしても喜ばれるかぼちゃとさつまいもの煮物は2列に分けて詰め合わせて。

二段目
ぶり大根も詰め方ひとつで上品な一品に。大根とぶりを1列ずつ交互に詰めるとスタイリッシュな印象に。

一段目
2種類のオープンいなりは交互になるように詰めるのがオシャレに見える秘訣。

夫のご両親に会いに行くとき、差し入れすると喜ばれる和のお弁当。地味なおかずも詰め方ひとつでオシャレに変身します。

煮物がおいしい！両親への差し入れお重

一段目 オープンいなり

材料（6個分）
いなりあげ（P119参照）…6枚
酢めし…（P118参照）…540g
〈トッピング〉
ボイルえび…3尾
いくら…小さじ3
きゅうり（斜め薄切り）…6枚分
うなぎの蒲焼き（一口大）…3枚

作り方
1 いなりあげに酢めしを1/6量ずつ詰める。
2 ボイルえび×いくら、きゅうり×うなぎの蒲焼きをそれぞれのせる。あれば、山椒少々をうなぎの蒲焼きにふる。

POINT
酢めしを押し込むようにして詰めるといなりが安定します。また、いなりの皮を内側に折り込むと見映えが◎。

二段目 贅沢ぶり大根 →作り方P82

三段目 かぼちゃとあずきのいとこ煮 →作り方P90
さつまいものレモン煮 →作り方P93

オープンいなりのいろいろトッピング

3色そぼろのオープンいなり
鶏そぼろ×炒り卵の真ん中にさやえんどうのせん切りをのせる。

サラダオープンいなり
5mm角に切ったピーマン、粒コーン、ツナ、マヨネーズを混ぜたものをのせる。

お花畑のオープンいなり
5mm角に切ったセロリときゅうりを敷き詰め、スモークサーモンでバラを作り、のせる。

みょうがのオープンいなり
半分に切ったみょうがに軽く塩をふり、しんなりしたら、かつお節を加えてあえる。貝割れ菜を敷き、その上にのせる。

詰め方POINT

ハランを敷くことで地味なおかずも華やか

茶色いぶり大根やかぼちゃ、さつまいもの煮物は保存容器に入れると地味ですが、三段の重箱に詰めれば一気に上質なお弁当に。特に色目が地味なおかずの下にはハランを敷くと料理の色も引き立ちます。

おでかけ弁当レシピ
〈アウトドア女子会編〉

二段目
ディップはカップに入れて温野菜と一緒に詰め合わせるのが◎。野菜も彩りよく詰めて。

一段目
ゆる糖質オフだから、主食の代わりにボリューム＆食べ応え満点のおかずを縦列詰めに。

自然の中で楽しむアウトドア女子会には、ゆる糖質オフのおかずが大人気！たくさん食べても安心。ワインと一緒に楽しんでも。

女子会で大人気！ゆる糖質オフ弁当

一段目 野菜たっぷり鶏つくね →作り方P79

さっぱりロールキャベツ

材料（4人分）
キャベツ…4枚
にんじん…½本
さやいんげん…12本
スライスハム…8枚
ポン酢しょうゆ…適量

作り方

1 キャベツは芯のかたい部分をそぎ、にんじんはせん切り、いんげんはヘタを取り、すべて塩ゆでしてザルに上げ、水けをきる。ハムはせん切りにする。

2 巻きすの上にキャベツを敷き、にんじん、いんげん、ハムをのせてしっかり巻き、巻きすを握りながら余分な水けをきる。巻きすをはずしてラップに包み、冷蔵庫で30分以上おく。

3 ラップの上から食べやすい長さに切り、ポン酢しょうゆは別容器に入れる。

POINT
野菜の水分が多いので、巻きすを使ってしっかりと水けをきりましょう。水っぽいと傷みの原因になります。

二段目 豆腐とサーモンの野菜ディップ

材料（4人分）
A ┌ 木綿豆腐
　│　（水きりをする）
　│　　…100g
　│ スモークサーモン…30g
　│ ディル…1枝
　└ 塩…少々
グリーンアスパラガス・
　ブロッコリー・カリフラワー・
　黄パプリカなどのゆで野菜
　…各適量

作り方

1 フードプロセッサーにAを入れ、なめらかになるまで攪拌する。

2 1をカップに入れ、食べやすい大きさに切ったゆで野菜を添える。

POINT
豆腐は水分が多いのでしっかりと水けをきりましょう。水分が多いと味が薄くなったり液ダレの原因にも。

まだまだある！ ヘルシーディップ

**ハムと
カッテージチーズの
香草ディップ**

スライスハム、カッテージチーズ（裏ごしタイプ）、セロリの葉、こしょうを攪拌する。

**ツナとポテトの
マヨディップ**

ツナ水煮缶、ゆでたじゃがいも、プレーンヨーグルト、マヨネーズ、パセリを攪拌する。

**チキンと
豆腐ディップ**

サラダチキン、水きりした木綿豆腐、ゆずこしょう、青じそを攪拌する。

詰め方POINT

**紙箱の形違いで
見た目にもキュートに**

アウトドア女子会だから、捨てられる紙箱で手軽に。丸形と長方形の紙箱にはお花紙とセロファンを重ねて敷けば、ゆで野菜やロールキャベツなどの水分のあるおかずも詰めることができて便利です。

おでかけ弁当レシピ〈デート編〉

クッキーなど海外のお土産でもらったおしゃれな空き缶にはフルーツサンドを詰めて。彼氏との公園デートにピッタリです。

公園デートに！憧れのフルーツサンド

フルーツポケットサンド

材料（4～5人分）
小さめの角食パン…5枚
生クリーム…100ml
砂糖…大さじ1
リキュール…小さじ1/3
好みのフルーツ
　（さくらんぼ、キウイ、
　　バナナ、いちごなど）…適量

作り方

1. 食パンは横半分に切り、切り口に切り目を入れ、ポケットのように開く。
2. 生クリームに砂糖とリキュールを加えて泡立てる。
3. 1のポケットの中に2の生クリームを絞り、小さめに切ったフルーツを詰める。あればミント適量をのせる。

POINT
小さめの角食パンがないときは、ロールパンや丸パンなどに切り込みを入れ、お好みのフルーツを詰めるのも◎。

フルーツサンドバリエ

バナナロールサンド
サンドイッチ用の食パンに生クリームを塗り、レモン汁を絡めたバナナを巻き、3等分に切る。

サバラン風フルーツサンド
市販のブリオッシュの上1/4を切り、中をくり抜く。ラム酒を加えたシロップを塗り、生クリームを絞り、キウイフルーツといちごをのせる。

コロネ風フルーツサンド
市販のバターロールを半分に切り、中をくり抜く。生クリームを絞り、角切りにしたフルーツを散らす。

詰め方POINT

**おしゃれな空き缶で
取り出しやすい詰め方**

空き缶にはワックスペーパーとオーブンシートを重ねてフルーツサンドを縦列詰めに。フルーツサンドは詰めるときもフルーツが崩れにくく、取り出しやすいからおすすめ。旬のフルーツをはさんで。

おでかけ弁当レシピ〈お花見編〉

一段目
お花見にピッタリな桜のおにぎりとたけのこごはんのおにぎりは斜めに傾けながら縦列詰めに。

桜満開の中、お花見を楽しむなら、フィンガーフードのお弁当がおすすめ。お友達とビールやワインを持ちよって楽しいひとときを。

二段目
4種類のおかずも縦列詰めにすることでスタイリッシュな印象に。取り出しやすくピックを刺して。

フィンガーフードが大活躍！お花見弁当

一段目 たけのこごはんのおにぎり →作り方P115
桜とちりめん山椒のおにぎり →作り方P115

二段目 アスパラといんげんの白すりごまよごし →作り方P95
厚焼き卵 →作り方P110
※花型にくり抜く

5色あられの揚げお花見団子

材料(4人分)
5色ぶぶあられ…適量
A 鶏むねひき肉…200ｇ
　パン粉…大さじ½
　片栗粉…大さじ1
　しょうゆ・ごま油
　　…各小さじ1
　塩…小さじ½
揚げ油…適量
塩…少々

作り方
1　ボウルにAを入れてよく混ぜ、8等分にして小さめの一口大に丸める。
2　1にぶぶあられをしっかりつけ、160℃の揚げ油で揚げる。ピックに2つずつ刺し、塩をふる。

POINT
ぶぶあられは衣に使うと、カリカリとした食感が新鮮。団子は竹串に刺すと取りやすく食べやすい。

簡単ローストビーフと紫キャベツのピンチョス

材料(4人分)
簡単ローストビーフ（P78）
　…1枚分
紫キャベツのピクルス（P89）
　…¼量

作り方
1　簡単ローストビーフと紫キャベツのピクルスを交互にピックに刺す。

詰め方POINT

竹串でピンチョス風に。取りやすくてかわいい

お花見のお弁当は、取り出しやすさがポイントです。お花見団子をイメージして、ローストビーフ＆ピクルス、揚げ団子を串に刺してフィンガーフードにすれば、絶妙にかわいいお弁当に。

おでかけ弁当レシピ〈おせち編〉

おせち料理は、奇数の品数を盛るのが基本。ルールを守って、初心者にもおススメの詰め方を学びましょう。4分割詰めのアレンジです!

一段目
筑前煮は全面盛りで彩り鮮やかに。同じ食材が重ならないよう、バランスを見ながら詰めるのがポイント。

二段目
5種類のおかずを4分割詰めのアレンジで。黒豆はハランでケースを作って詰めるとワンランクアップ。

初めてのカジュアルおせち

一段目 筑前煮 →作り方P66

二段目 フープロで栗きんとん →作り方P93

伊達巻

材料（20cm×25cmの型1個分）
卵…5個
はんぺん（小）…1枚（110g）
砂糖…大さじ2
みりん…大さじ1
酒…大さじ1　水…大さじ1
はちみつ…大さじ1
白だし…小さじ1

作り方
1. すべての材料をフードプロセッサーに入れて攪拌し、なめらかにする。
2. 型にオーブンシートを敷いて1を流し入れ、160℃に熱したオーブンで20～30分焼く。
3. 2の焼き色がついた面を下にして巻きすにのせ、熱いうちに巻いてそのまま冷ます。冷めたら、食べやすい大きさに切る。

えびの含め煮

材料（4人分）
有頭えび*…4～6尾
A│和風だし…1½カップ
　│酒…大さじ3
　│みりん…大さじ2
　│薄口しょうゆ…小さじ1
　│塩…小さじ⅔

作り方
1. えびは殻と殻の間から竹串で背ワタを除く。
2. 鍋にAを入れて中強火にかけ、煮立ったら1を入れ、箸で「つ」の字になるように押さえて形を整える。
3. えびの色が変わったら、アルミホイルをかぶせてから落とし蓋をし、えびが煮汁に浸っているようにして4～5分間弱めの中火で煮る。

＊生きたものを使うときれいに仕上がる。

ドライパック黒豆

材料（4人分）
黒豆（ドライパック）…100g
A│砂糖…大さじ4
　│みりん・ブランデー
　│　…各大さじ1
　│水…100mℓ

作り方
1. 耐熱ボウルにAを入れ、ラップをせずに電子レンジで沸騰するまで加熱する。
2. 1の粗熱が取れたら、黒豆を加え、冷蔵庫で1日寝かせる。

エスニックなます

材料（4人分）
大根…⅓本、にんじん…½本
A│スイートチリソース
　│　…大さじ2
　│ナンプラー…大さじ1
　│酢…大さじ½

作り方
1. 大根とにんじんはスライサーでせん切りにし、塩少々（分量外）をあえ、しんなりしたら水けを絞る。
2. ボウルにAを入れてよく混ぜ、1を加えてよくあえる。

詰め方POINT

基本の4分割詰めをアレンジして5分割で

重箱に詰めるときは、4分割詰めが初心者にもわかりやすくオススメ。今回のように5品詰めるときは、なますと黒豆をひとつのスペースに詰めて5分割に。黒豆はハランでケースを作って詰めましょう。

おでかけ弁当レシピ
〈時短30分編〉

大きめのお重一段におにぎりとおかずを詰めましょう。時間がない朝に簡単に作れるメニューでも、詰め方でオシャレに変身させて。

朝30分で作る行楽弁当①

スパムおにぎり

材料（6個分）
塩ごはん（P113参照）
　…540g程度
スパム（7mm厚さ）…3枚
かつおと昆布のふりかけ
　（下記参照）…大さじ2
焼きのり…適量
サラダ油…大さじ½

作り方
1 スパムはサラダ油をひいたフライパンに入れ、表面がカリッとするまで中火で焼き、半分に切る。
2 塩ごはんを⅙量ずつラップに包んで平たい丸に握る。おにぎりが人肌に冷めたらラップを外し、ふりかけをかけ、1をのせ、1cm幅に切ったのりを十字に巻く。

POINT
のりを棒状に切り、十字に巻くことで、塩にぎりとスパムをしっかりと留めることができます。見た目も◎。

レンチン肉巻き →作り方P106
レンチンかぼちゃのサラダ →作り方P106
小松菜とピーナッツのエスニック炒め →作り方P94

おにぎりでも便利！ ふりかけ2種

かつおと昆布のふりかけ

材料（4人分）
かつお節…50g
昆布…10cm×10cm1枚
A｜しょうゆ…大さじ2
　｜酒・みりん…各大さじ1
　｜砂糖…大さじ½

作り方
鍋にだしを取ったあとのかつお節と細切りにした昆布、Aを加え、中火で水分をとばすように炒め合わせる。

カルシウムたっぷり小魚ふりかけ

材料（4人分）
ちりめんじゃこ…30g
桜えび（乾）…7g
かつお節…5g
青のり（乾）…3g
白いりごま…大さじ1
砂糖…小さじ1
塩…小さじ½

作り方
鍋にすべての材料を入れ、中火で炒め合わせる。

詰め方POINT

ごはんとおかずは竹皮で仕切ると上品に

スピード弁当が豪華に見えるコツは、スパムおにぎりとおかずのスペースを分けて、おかずも3分割で詰めてスッキリとまとめること。肉巻きは立てて取りやすく、かぼちゃのサラダはカップに詰めて。

おでかけ弁当レシピ
〈時短30分編〉

一段目
おにぎりは側面をのりで巻き、上に具をのせることで見映えのするおにぎりに。絵を描くように並べて。

二段目
メインの鶏チャーシューをスライスし、断面を見せることでスタイリッシュに。ピクルスは前日に仕込む！

朝30分で作るお弁当は、料理をする時間はもちろん、詰める時間も短縮したい！ 簡単だけどスッキリ見せるテクニックを覚えて。

朝30分で作る行楽弁当②

一段目 梅おかかとツナのおにぎり

材料（9個分）
塩ごはん（P113参照）
　…810g程度
焼きのり…適量
〈ツナマヨ〉
A｜ツナ缶…小1缶
　｜セロリ（みじん切り）
　｜　…大さじ1
　｜マヨネーズ…大さじ½
　｜塩・こしょう…各少々
〈梅かつお〉
カリカリ梅…5個
B｜かつお節…5g
　｜しょうゆ…小さじ½

作り方
1. 塩ごはんを⅑量ずつラップに包んで平たい丸に握り、おにぎりが人肌に冷めたらラップを外し、2cm幅に切ったのりを側面に巻く。
2. ツナマヨはAをよく混ぜ、4等分にした1にのせる。
3. 梅かつおはBをよく混ぜ、5等分にしてカリカリ梅とともに1にのせる。

POINT
のりを側面に巻いて、塩にぎりの上に具をのせることで、何のおにぎりかわかりやすく、ビジュアルとしても◎。

二段目
レンチン鶏のチャーシュー →作り方P106
にんじんのしりしり →作り方P86
カリフラワーとうずらのピクルス →作り方P99

のせておいしいおにぎりの具バリエ

キムチーズ
キムチとクリームチーズの角切りをあえる。

枝豆とみょうがのみそあえ
むいた枝豆とみょうがの粗みじん切りをみそとマヨネーズであえる。

辛肉みそ
そぼろ、豆板醬、砂糖、しょうゆを合わせて電子レンジで加熱し、むいた枝豆とあえる。

梅ツナマヨのおにぎり
軽くつぶした梅干し、油をきったツナ缶、かつお節、しょうゆを混ぜ合わせる。

詰め方POINT
同じ丸い形を生かして絵を描くように詰める

簡単なおかずも、形の作り方、組み合わせ方ひとつで素敵に変身します。ポイントは上から見て模様のように見えること。おにぎりは上にのせる具で表情をつけ、おかずは3分割で簡単&おしゃれに詰めて。

おでかけ弁当レシピ
〈息子への差し入れ編〉

一人暮らしの息子のために差し入れしたい愛情弁当。栄養のバランスを考えて主食、主菜、ピクルスを揃えて保存容器に詰めましょう。

三段目
彩りピクルスは食欲がわくように色のバランスを考えて野菜をチョイスして。常備菜としてもOKです！

二段目
たんぱく質は重要なので、息子が大好きな大きめミートボールを2段に重ねて縦列詰めに。

一段目
中華風おこわはおにぎりにしてラップで包み、保存容器に詰めれば、このまま温めても冷凍してもOK。

一人暮らしの息子への愛情弁当

一段目　中華風おこわのおにぎり

材料（6個分）
中華風おこわ（P117参照）
　…600g程度

作り方
1. ラップに鶏肉、たけのこ、しいたけをのせ、おこわを⅙量ずつのせて包み、丸に握る。

POINT
お弁当箱に詰めたときに、見た目がよくなるように、大きめの具をのせてからおこわをのせて握りましょう。

二段目　中華風ミートボール →作り方P74

三段目　彩り野菜のピクルス

材料（4人分）
パプリカ（赤・黄）…各½個
セロリ…⅓本
きゅうり…½本
A｜りんご酢…大さじ2
　｜砂糖…大さじ1
　｜塩…小さじ½
　｜こしょう…少々
　｜ローリエ…1枚
　｜水…100㎖

作り方
1. パプリカはヘタと種を除いて乱切り、セロリは食べやすい長さに切る。きゅうりは皮を縞目にむいて縦半分に切ってから食べやすい長さに切る。
2. 1に塩少々（分量外）をあえ、しんなりしたら余分な水けをきる。
3. 鍋にAを入れて沸騰させ、粗熱が取れたら2を加えて冷蔵庫で半日ほどおく。

POINT
きゅうりは味がしみやすくなるように皮を縞目にむきます。青臭さも減り、見た目もストライプでかわいいです。

こんなメニューも喜ばれる！差し入れレシピ

きゅうりのレモンペッパー

たたいて四分割したきゅうりをレモン汁、レモンの薄切り、塩、粗びきこしょう、砂糖少量で漬ける。

スパイシーフライドポテト

皮をむいたじゃがいもを長めに乱切りし、カレー粉、顆粒コンソメスープの素、薄力粉を混ぜたものと一緒に保存袋に入れ、ふり混ぜ、170℃の揚げ油で揚げる。

ささみフライ

鶏ささみ肉とマヨネーズをラップではさんで麺棒でたたき、塩、こしょうをふり、平たい丸に成形し、薄力粉、溶き卵、パン粉をつけて170℃の揚げ油で揚げる。

塩レモンのじゃこにぎり

レモンの皮を薄くむいてせん切りにし、塩、砂糖でまぶしておく。炊きたてのごはんに、塩レモン、レモン汁、青じそのせん切り、じゃこをよく混ぜ合わせ、好みの形に握る。

詰め方POINT

すぐに冷蔵庫にしまうときは保存容器で

一人暮らしの息子には、すぐに冷蔵庫にしまえるよう、保存容器に詰めるのが◎。おにぎりはたくさん作っても一度に食べられないから、あらかじめラップをしてから詰めるとすぐに冷凍保存もできます。

column

\\ もっとかわいく！//
マスキングテープ&ワックスペーパー 裏技テクニック

いつものお弁当が見違えるほどかわいく変身！
見映えよくみせるプロのコツ・ワザをたっぷり紹介します。

グッズいろいろ

まずは、揃えておきたいグッズいろいろ。マスキングテープ、ワックスペーパーなど、常備しておくと便利なグッズを揃えましょう。

マスキングテープ
様々な色や柄があり、それだけでかわいい存在。味気なくなりそうなお弁当のプラスαにぜひ使ってみて。

紙ナフキン
紙ナフキンもかわいい柄のものが豊富。お弁当の内側に敷くだけでグッとお弁当が華やぎます。

ワックスペーパー&お花紙
ワックスペーパーは表面にロウやパラフィンなどを加工した紙のこと。お花紙はカラフルで薄い紙のこと。

オーブンシート
オーブンで料理やお菓子、パンなどを焼くときに敷く紙。天板だけでなく、お弁当箱にも重宝する。

グラシン紙
表面がなめらかで半透明の紙。耐油性があるので油を使った料理やお菓子、パンなどを包むのに適している。

セロファン
食品のパッケージなどの透明な包装材料。耐油性、耐水性があり、紙箱に敷き込めば、おかずを詰められる。

column

カゴ×紙ナフキン×グラシン紙ワザ

カゴをお弁当箱として使うためのテクニック。これをおぼえておくと、どんな容器もお弁当箱に変身します。

1

2

3

4 完成！

1. 紙ナフキンを広げ、カゴの端から3cmずつほど大きくなるように織り込む。
2. 裏側にすると、こんな感じ。4辺を織り込むより、2辺を織り込むのが◎。
3. 織り込んだ紙ナフキンを角が合わないように敷き込む。
4. その上に同じ大きさに切ったグラシン紙を重ねる。油などがしみなくなる。

紙箱×グラシン紙ワザ

紙箱にのり巻きなどを詰めるときのテクニック。

1

2 完成！

 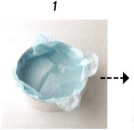

1. グラシン紙は箱の底の横幅&縦幅×包むことができる長さに切り、2枚用意する。
2. 2枚のグラシン紙を箱に敷き込む。おにぎりやのり巻きを詰めてもくっつかない。

紙箱×お花紙×セロファンワザ

透明のセロファンだからこそ、下に色紙を敷いて。

1

2 完成！

1. お花紙を広げ、丸い紙箱に内側に沿うように敷く。
2. お花紙と同じ大きさに切ったセロファンを上に重ねる。

マスキングテープ×カップワザ

マスキングテープで留めるだけでかわいい印象に。

バラバラの大きさのカップに
紙カップやプラカップをまとめて持って行くときは、マスキングテープで巻いて留める。

マスキングテープ×包みワザ

ラップの代わりや持ち運ぶときのラッピングに。

ベタつかない包みワザ
グラシン紙を切っておにぎりに巻きつけ、マスキングテープで留める。

蓋ができないときの持ち運びワザ
オーブンシートを広げ、バットをのせて上を絞り、マスキングテープで留める。

column

Part 1 & Part 2のRecipe

Part1と2で紹介しきれなかったおかずやデザートのレシピです。
参考にして作りましょう。

スモークサーモンとゆで卵の春巻き

材料(4人分)
スモークサーモン…8枚
ゆで卵…2個
ディル…2枝
春巻きの皮…4枚
水溶き小麦粉…少々
揚げ油…適量

作り方
1 春巻きの皮にスモークサーモン、ちぎったディル、粗く刻んだゆで卵をのせて巻く。巻き終わりに水溶き小麦粉をつけてとじる。

2 170℃の揚げ油に春巻きをとじ目から入れ、全体が色がつくまで揚げる。

缶詰めでフルーツゼリー

材料(4人分)
フルーツ缶…400〜500g
アガー…15g
砂糖…50g
水…200㎖(半量は缶詰のシロップ)
100%グレープフルーツジュース
　(またはオレンジジュース)…250㎖
リキュール…小さじ2

作り方
1 鍋にアガー、砂糖を入れてしっかりと混ぜ、水を少しずつ加えて溶かす。

2 1を中火にかけ、かき混ぜながら沸騰させ、電子レンジで2〜3分温めたジュースを加えて火を止め、リキュールを加えて粗熱を取る。

3 2をカップに入れ、とろっと固まりはじめたら食べやすい大きさに切ったフルーツ缶のフルーツを加え、冷蔵庫で冷やす。

筑前煮

材料(4〜6人分)
鶏もも肉…小2枚
にんじん…1本
干ししいたけ…小8個
たけのこ(水煮)…½本
れんこん…1節
ごぼう…1本
こんにゃく…1枚
絹さや…6枚
酒…大さじ1
和風だし*…200〜300㎖
砂糖…大さじ1
薄口しょうゆ…大さじ1½
みりん…大さじ2
サラダ油…大さじ1

作り方
1 にんじんは1.5cm厚さに切って花型にくり抜く。干ししいたけは水で戻し、軸を落とす。たけのこの穂先は4等分、下の部分は一口大に切る。れんこんは7mm厚さに切って花型にし、ごぼうは斜め切りにし、それぞれ水にさらす。こんにゃくは7mm厚さに切り、切り込みを入れて端をねじり入れ、手綱状にする。

2 鶏肉は一口大に切り、余分な脂と水けを除き、サラダ油を熱したフライパンに皮目を下にして入れ、両面焼き色がつくまで中強火で焼く。1を加えて炒め、全体に油が回ったら酒を回しかけて煮立たせる。

3 2にひたひたの和風だし、砂糖を加えて落とし蓋をし、煮立ったら、薄口しょうゆ、みりんを加え、落とし蓋をしてから蓋をし、中弱火で15〜20分煮て、そのまま30分以上おく。

4 もう一度中火にかけ、煮汁を絡ませて器に盛り、塩ゆでした絹さやを添える。

＊干ししいたけの戻し汁も含む

Part 3

おでかけ弁当の おかず バリエーション

Part1とPart2で詰めたおかずをはじめ、人気のおかずバリエや食材別、色別の野菜ごとに紹介するおかずレシピ帳。同じメニューでも、味変えなどのバリエーションを幅広く紹介しているから、お弁当の幅も広がります。

定番おかずバリエ 肉巻きバリエ

01 豚肉と漬け物の肉巻き
しば漬けと高菜漬けの2色で彩りよし！食感よし！

材料（4人分）
- 豚肩ロースしゃぶしゃぶ用肉…32枚
- A にんじん（せん切り）…1本分
  しば漬け…適量
- B さやいんげん（ヘタを取る）…12本
  高菜漬け…適量
- しょうが（みじん切り）…1かけ分
- 塩・こしょう…各少々
- 薄力粉…少々
- 酒…大さじ1
- サラダ油…大さじ½

作り方
1. 豚肉4枚を少し重なるように並べ（P70参照）、4等分にしたAをのせて巻き、巻き終わりに薄力粉をつけてとじる。同様にBの肉巻きも作る。それぞれ4本ずつ作り、全体に塩、こしょうをふり、薄力粉を薄くまぶす。
2. フライパンにサラダ油としょうがを入れて熱し、1を巻き終わりを下にして入れ、中火で焼く。全体に焼き色がついたら酒を回しかけ、蓋をして弱火で5分ほど焼く。食べやすい大きさに切る。

02 豚肉ときのこの肉巻き
粒マスタード＆しょうゆ風味のえのきだけでヘルシーに

材料（4人分）
- 豚肩ロースしゃぶしゃぶ用肉…16枚
- エリンギ…2本
- えのきだけ…1袋
- 塩・こしょう…各少々
- 薄力粉…少々
- A しょうゆ…小さじ1
  粒マスタード・はちみつ…各大さじ1
- サラダ油…大さじ½

作り方
1. エリンギは四つ割りにし、えのきは根元を切り落として4等分にする。
2. 豚肉4枚を少し重なるように並べ（P70参照）、塩、こしょうをふり、4等分にした1をのせて巻く。巻き終わりに薄力粉をつけてとじ、全体に薄力粉を薄くまぶす。これを4本作る。
3. フライパンにサラダ油を熱し、2を巻き終わりを下にして入れ、中火で焼く。全体に焼き色がついたら蓋をして3分ほど焼き、Aを加えて煮絡める。食べやすい大きさに切る。

03 豚肉とアスパラの肉巻き
オーブンで焼き上げるからアスパラの食感・風味は抜群！

材料（4人分）
- 豚肩ロースしゃぶしゃぶ用肉…8枚
- グリーンアスパラガス…8本
- 塩・こしょう…各少々
- 薄力粉…少々
- オリーブオイル…小さじ1

作り方
1. アスパラはかたい部分を切り落として半分の長さに切る。豚肉の長さを半分に切って塩、こしょうをふり、アスパラに巻く。巻き終わりに薄力粉をつけてとじ、全体に薄力粉を薄くまぶす。これを8本作る。
2. 1を耐熱皿にのせ、塩、こしょうをふり、オリーブオイルをかける。180℃に熱したオーブンで7分ほど焼く。

04 鶏ささみと野菜の肉巻き

ハーブソルトで香りよく、電子レンジでしっとり

材料（4人分）
鶏ささみ肉…4本
にんじん…¼本
さやいんげん…4本
ベーコン…2枚
ハーブソルト…少々
片栗粉…少々

作り方
1. にんじんは棒状に切り、いんげんはヘタを切り落として半分に切る。ベーコンは半分に切る。ささみは半分に切れ目を入れて開き、包丁で軽くたたき、平らにする（P70参照）。
2. ささみ1枚に片栗粉とハーブソルトを薄くふる。4等分にしたベーコン、にんじん、いんげんをのせて巻き、ラップでキャンディー状に包む。これを4本作る。
3. 2を耐熱皿にのせ、電子レンジで4分加熱し、そのまま2分ほどおく。一口大に切る。

05 鶏ささみの梅しそ巻き

梅干しはチューブでもOK！青じそとの相性抜群！

材料（4人分）
鶏ささみ肉…4枚
梅干し…2個
青じそ…4枚
万能ねぎ…4本
かつお節…小さじ2
片栗粉…少々

作り方
1. 梅干しは種を除いてたたく。青じそは半分に切り、万能ねぎはささみの幅に合わせて切る。ささみは半分に切れ目を入れて開き、包丁で軽くたたき、平らにする（P70参照）。
2. ささみ1枚に4等分にした梅干しを塗り、かつお節、青じそをのせ、片栗粉を薄くふり、万能ねぎをのせて巻き、ラップでキャンディー状に包む。これを4本作る。
3. 2を耐熱皿にのせ、電子レンジで4分加熱し、そのまま2分ほどおく。一口大に切る。

06 鶏ささみのイタリアンロール

生ハムとドライバジル、チーズで塩けとうまみバッチリ！

材料（4人分）
鶏ささみ肉…4本
生ハム…4枚
粉チーズ…大さじ2
ドライバジル…小さじ½
片栗粉…少々

作り方
1. ささみは半分に切れ目を入れて開き、包丁で軽くたたき、平らにする（P70参照）。
2. ささみ1枚に片栗粉を薄くふり、4等分にした生ハム、粉チーズ、ドライバジルをのせて巻き、ラップでキャンディー状に包む。これを4本作る。
3. 2を耐熱皿にのせ、電子レンジで2分半加熱し、そのまま2分ほどおく。一口大に切る。

定番おかずバリエ 肉巻きバリエ

07 パプリカの甘みとオイスターソースのうまみが牛肉に合う
牛肉とパプリカの肉巻き

材料（4人分）
牛肩ロースしゃぶしゃぶ用肉
　…8〜16枚
パプリカ（赤・黄）…各½個
塩・こしょう…各少々
薄力粉…少々
A ｜ オイスターソース・しょうゆ
　　　…各大さじ½
　｜ 酒…大さじ1
　｜ 砂糖…小さじ1
サラダ油…大さじ½

作り方

1　パプリカはヘタと種を除き、それぞれ縦12等分に切る。牛肉2〜4枚を少し重なるように並べ（下記参照）、塩、こしょうをふり、赤・黄パプリカを3本ずつのせて巻く。巻き終わりに薄力粉をつけてとじ、全体に薄力粉を薄くまぶす。これを4本作る。

2　フライパンにサラダ油を熱し、1を巻き終わりを下にして入れ、中火で焼く。全体に焼きがついたら蓋をして5分ほど弱火で焼き、Aを加えて煮絡める。食べやすい大きさに切る。

08 ごぼうはお好みのかたさに煮て　甘辛風味がごはんと◎
牛肉とごぼうの肉巻き

材料（4人分）
牛肩ロースしゃぶしゃぶ用肉
　…8〜16枚
ごぼう…1本
薄力粉…少々
A ｜ 和風だし…150mℓ
　｜ 酒・しょうゆ・みりん
　　　…各大さじ½
　｜ 砂糖…小さじ1
サラダ油…大さじ½

作り方

1　ごぼうはよく洗い、10cm長さに切り、水にさらしてアクを抜く。鍋に入れ、Aを加えて落とし蓋をし、中弱火で5分ほど煮る。

2　牛肉2〜4枚を少し重なるように並べ（下記参照）、1を1本のせて巻く。巻き終わりに薄力粉をつけてとじ、全体に薄力粉を薄くまぶす。これを4本作る。

3　フライパンにサラダ油を熱し、2を巻き終わりを下にして入れ、中火で焼く。全体に焼き色がついたら1の煮汁を加え、煮詰める。食べやすい大きさに切る。

COLUMN
これでマスター！ 肉巻きテク

薄切り肉は少し重なるように並べる

肉巻きを4人分作るときは、2〜4枚の薄切り肉を少しずつずらしながら重ね、具を縦長に置き、片側からしっかりと巻き込みます。

鶏ささみは開いて表面をたたく

鶏ささみの肉巻きは、半分に切り目を入れて開き、包丁で軽く叩いて表面を平らにするのがコツです。

定番おかずバリエ から揚げバリエ

01 王道から揚げ
強力粉と片栗粉の衣で時間がたっても食感よく

材料（4人分）
- 鶏もも肉…2枚
- A
  - にんにく・しょうが（すりおろし）…各小さじ1
  - しょうゆ…大さじ1½
  - 酒…大さじ½
  - 塩・こしょう…各少々
- 片栗粉…大さじ1½
- 薄力粉…大さじ3
- 揚げ油…適量

作り方
1. 鶏肉は一口大に切り、余分な脂を除き、ペーパータオルに包んで余分な水けを取る。
2. 保存袋に1とAを入れてよくもみ込み、20分ほどおく。
3. 2に薄力粉を加えてよく混ぜ、片栗粉を加えてまぶす。
4. 3を1つずつ手で軽く握りながら、170℃の揚げ油で2～3分揚げる。

02 青のり塩から揚げ
衣に青のりを加えて風味よく　鶏肉の下味は白だしで

材料（4人分）
- 鶏もも肉…2枚
- A
  - しょうが（すりおろし）…小さじ1
  - 白だし…大さじ1
  - 青のり…小さじ1
  - 塩・こしょう…各少々
- 薄力粉…大さじ2
- 片栗粉…大さじ1
- 揚げ油…適量

作り方
1. 鶏肉は一口大に切り、余分な脂を除き、ペーパータオルに包んで余分な水けを取る。
2. 保存袋に1とAを入れてよくもみ込み、20分ほどおく。
3. 2に薄力粉を加えてよく混ぜ、片栗粉を加えてまぶす。
4. 3を1つずつ手で軽く握りながら、170℃の揚げ油で2～3分揚げる。

03 ピリ辛から揚げ
チリパウダーでエスニック風のピリ辛仕上げ

材料（4人分）
- 鶏もも肉…2枚
- A
  - にんにく（すりおろし）…小さじ1
  - 酒…大さじ1
  - 顆粒コンソメスープの素・チリパウダー…各小さじ1
  - パプリカパウダー…小さじ½
  - 塩・こしょう…各少々
- 薄力粉…大さじ2、片栗粉…大さじ1
- パプリカパウダー…小さじ⅓
- 揚げ油…適量

作り方
1. 鶏肉は一口大に切り、余分な脂を除き、ペーパータオルに包んで余分な水けを取る。
2. 保存袋に1とAを入れてよくもみ込み、20分ほどおく。
3. 2に薄力粉を加えてよく混ぜ、片栗粉を加えてまぶす。
4. 3を1つずつ手で軽く握りながら、170℃の揚げ油で2～3分揚げ、パプリカパウダーをふる。

定番おかずバリエ から揚げバリエ

04 油淋鶏風から揚げ
片栗粉のかためな衣にねぎダレがよく絡む

材料（4人分）
- 鶏もも肉…2枚
- A
  - にんにく・しょうが（すりおろし）…各小さじ1
  - 酒・しょうゆ…各小さじ1
  - 塩・こしょう…各少々
- 片栗粉…大さじ2
- 揚げ油…適量
- B
  - 長ねぎ（粗みじん切り）…½本分
  - しょうゆ…大さじ3
  - 砂糖・酒…各大さじ1
  - りんご酢・ごま油…各大さじ½

作り方
1. 耐熱ボウルに**B**を入れ、ラップをせずに電子レンジで沸騰するまで加熱する。
2. 鶏肉は一口大に切り、余分な脂を除き、ペーパータオルに包んで余分な水けを取る。
3. 保存袋に**2**と**A**を入れてよくもみ込み、20分ほどおく。
4. **3**の鶏肉に片栗粉をまぶし、170℃の揚げ油で2〜3分揚げ、**1**のタレをかける。

05 韓国風手羽中から揚げ
皮がパリパリの手羽にコチュジャンの甘辛ダレがよく合う

材料（4人分）
- 鶏手羽中…20本
- 塩・こしょう…各少々
- 薄力粉…大さじ1
- 揚げ油…適量
- A
  - 白炒りごま・コチュジャン・酢・水…各大さじ1
  - しょうゆ…大さじ½
  - 砂糖…小さじ½

作り方
1. 手羽中はペーパータオルに包んで余分な水けを取る。
2. 保存袋に**1**、塩、こしょうを入れてよくもみ込み、10分ほどおく。
3. ボウルに**A**を入れてよく混ぜ合わせる。
4. **2**の手羽中に薄力粉を薄くまぶし、170℃の揚げ油で皮目がカリッとなるまで4〜5分揚げ、すぐに**3**に入れてタレとよく絡める。

06 チューリップから揚げ
下味はしっかり漬け込んで　揚げ時間もしっかりと

材料（4人分）
- 鶏手羽元…8本
- A
  - にんにく・しょうが（すりおろし）…各小さじ½
  - みりん・しょうゆ…各大さじ1
- 薄力粉…大さじ2
- 片栗粉…大さじ1
- 揚げ油…適量

作り方
1. チューリップを作る（P73参照）。
2. 保存袋に**1**と**A**を入れてよくもみ込み、20分ほどおく。
3. **2**の手羽元に薄力粉を加えてよく混ぜ、片栗粉を加えてまぶし、170℃の揚げ油で4〜5分揚げる。

COLUMN

これでマスター！
チューリップの作り方

行楽弁当のおかずで、昔から人気の高い、手羽元チューリップ。キッチンバサミを使えば簡単です。ぜひ、挑戦してみましょう。

01
手羽元の細い方の端から1cmの部分にキッチンバサミで切り込みを入れます。ここに入れることで、その後の作業がスムーズに。

02
切り込みを入れた箇所にキッチンバサミを入れ、骨に沿わせながら下から一番太い部分に向かって切り込みを入れます。

03
下の切り目に親指をぐっと入れて、骨に沿わせるように指を動かしながら、骨と肉を切り離していきます。

04
指を入れた反対側の骨にくっついている肉や皮の部分を、キッチンバサミで切り離します。ここで、骨と肉は完全に離れます。

05
親指を入れて、肉の中の骨とつながっている筋を切りながら、肉全体を上の方に寄せていきます。

06
上に寄せたら、内側から外側に向けてギュッと裏返します。

07
裏返したら、肉の先を手の平で丸めて形を整えます。

08
皮目が上になるように丸く形を整えると、形がキレイなチューリップの完成です。

定番おかずバリエ 肉 ミートボールバリエ

01 王道ミートボール
ごはんを加えたミートボールはしっとり、ソースなじみもよし!

材料（4〜6人分）

A 合びき肉…400g
　玉ねぎ（みじん切り）…½個分
　卵…1個
　ごはん…70g
　顆粒コンソメスープの素…小さじ⅓
　塩…小さじ¼
　こしょう…少々
薄力粉・揚げ油…各適量

ハニーマスタードソース
粒マスタード…大さじ2、はちみつ・水…各大さじ1、顆粒コンソメスープの素…小さじ½

ケチャップソース
トマトケチャップ…大さじ3、中濃ソース…大さじ1、顆粒コンソメスープの素…小さじ⅓

作り方

1 ボウルにAを入れ、ごはんをつぶすようによく混ぜ、18等分にする。

2 手にサラダ油（分量外）少々をつけ、1を丸める。薄力粉を薄くまぶし、160℃の揚げ油で4〜5分揚げる。

3 ソースはそれぞれ耐熱ボウルに入れ、ラップをせずに電子レンジで1分ずつ加熱する。別容器に入れて2に添える。

02 中華風ミートボール
トマトケチャップの甘酢ソースでお手軽中華風

材料（4〜6人分）

A 合びき肉…400g
　玉ねぎ（みじん切り）…½個分
　卵…1個
　ごはん…70g
　顆粒コンソメスープの素…小さじ⅓
　塩…小さじ¼
　こしょう…少々

B スープ*…½カップ
　砂糖…大さじ3
　酢…大さじ2
　しょうゆ・トマトケチャップ…各大さじ1
水溶き片栗粉…小さじ2

＊顆粒鶏がらスープ小さじ½を湯½カップで溶いたもの。

薄力粉・揚げ油…各適量

作り方

1 ボウルにAを入れ、ごはんをつぶすようによく混ぜ、18等分にする。

2 手にサラダ油（分量外）少々をつけ、1を丸める。薄力粉を薄くまぶし、160℃の揚げ油で4〜5分揚げる。

3 フライパンにBを入れてよく混ぜ、中火にかけて煮立ったら2を加え、水溶き片栗粉でとろみをつける。

03 洋風クリームミートボール
生クリームと粒マスタードで上品なクリームソースに

材料（4〜6人分）

A 合びき肉…400g
　玉ねぎ（みじん切り）…½個分
　卵…1個
　ごはん…70g
　顆粒コンソメスープの素…小さじ⅓
　塩…小さじ¼　こしょう…少々
B 生クリーム…100ml
　粒マスタード…大さじ2
薄力粉・揚げ油…各適量

作り方

1 ボウルにAを入れ、ごはんをつぶすようによく混ぜ、18等分にする。

2 手にサラダ油（分量外）少々をつけ、1を丸める。薄力粉を薄くまぶし、160℃の揚げ油で4〜5分揚げる。

3 フライパンにBを入れてよく混ぜ、中火にかけて煮立ったら2を加えて絡める。

04 爆弾スコッチエッグ

ゆで卵をひき肉だねで包んだインパクト大のミートボール

材料（4人分）
- ゆで卵…4個
- **A**
  - 合びき肉…400g
  - 玉ねぎ（みじん切り）…½個分
  - 卵…1個
  - ごはん…70g
  - 顆粒コンソメスープの素…小さじ⅓
  - 塩…小さじ¼
  - こしょう…少々
- 片栗粉・薄力粉・溶き卵・パン粉・揚げ油…各適量

作り方
1. ボウルに**A**を入れ、ごはんをつぶすようによく混ぜ、4等分にする。
2. ゆで卵に片栗粉をまぶし、手にサラダ油（分量外）少々をつけ、1で包む。
3. 薄力粉、溶き卵、パン粉を順につけ、170℃の揚げ油で5〜6分揚げ、半分に切る。

05 青じそ鶏つくね

香味野菜とごまを加えて香りよく　ごま油で仕上げます

材料（4〜6人分）
- **A**
  - 鶏ひき肉…300g
  - にんじん（粗みじん切り）…¼本分
  - 万能ねぎ（小口切り）…3本分
  - しょうが（みじん切り）…小さじ½
  - 白炒りごま・片栗粉…各大さじ1
  - 酒…大さじ½
  - みそ…小さじ1
- 青じそ…12枚
- ごま油…小さじ2

作り方
1. ボウルに**A**を入れてよく混ぜ、12等分にする。
2. 手にごま油（分量外）少々をつけ、1を平らな丸型に成形し、青じそを片面にはる。
3. フライパンにごま油を熱し、2の青じその面を中火で色よく焼き、裏返して蓋をし、弱火で5分ほど焼く。

06 照り焼き風鶏団子

砂糖・しょうゆ・みりんのみたらしあんが肉団子によく絡む

材料（4〜6人分）
- **A**
  - 鶏ひき肉…300g
  - 長ねぎ（みじん切り）…大さじ4
  - しょうが（みじん切り）…小さじ1½
  - ごはん…50g
  - 酒…大さじ½
  - 薄口しょうゆ…小さじ½
- サラダ油…適量
- **B**
  - 砂糖・しょうゆ…各大さじ1½
  - みりん・水…各大さじ1

作り方
1. ボウルに**A**を入れ、ごはんをつぶすようによく混ぜ、18等分にする。
2. 手にサラダ油（分量外）少々をつけ、1をしっかり丸める。
3. フライパンに多めのサラダ油を入れて中弱火で熱し、2を3〜4分揚げ焼きにする。
4. フライパンの中の余分な油をペーパータオルでふき取り、**B**を加えて煮絡める。

食材別おかずバリエ 肉 鶏肉おかず

01 鶏の照り焼き
一味唐辛子をふってピリ辛にしても◎

材料（4人分）
鶏もも肉…2枚（400g）
A│酒…大さじ2
　│しょうゆ…大さじ1½
　│砂糖・みりん…各大さじ1
　│水…50ml
　│しょうがの皮・長ねぎの
　│　青い部分…各適量
一味唐辛子…適宜

作り方
1 鶏肉は一口大に切り、余分な脂を除き、ペーパータオルに包んで余分な水けを取る。

2 鍋にAを煮立て、1を皮目を下にして入れ、落とし蓋をしてから蓋をし、5分ほど中弱火で煮て、裏返してさらに弱火で5分ほど煮る。好みで一味唐辛子をふる。

02 一口ローストチキン
ローズマリーで香りづけ　レストラン仕立てのロースト

材料（4人分）
鶏もも肉…2枚（400g）
にんにく…2かけ
ローズマリー…1枝
塩・こしょう…各少々
薄力粉…少々
オリーブオイル…小さじ1

作り方
1 鶏肉は一口大に切り、余分な脂を除き、ペーパータオルに包んで余分な水けを取る。塩、こしょうをふってしっかりなじませ、薄力粉を薄くまぶす。

2 フライパンにオリーブオイルと芽を除いてつぶしたにんにくを中火で熱し、香りが出たら1を皮目を下にして入れる。焼き色がついたら裏返して焼き、中心を押して弾力が出てきたら、ローズマリーと一緒にアルミホイルに包み、10分ほどおく。

03 鶏肉とピーナッツの中華炒め
王道中華料理をお手軽に！　紹興酒で風味とコクだし

材料（4人分）
鶏もも肉…½枚（100g）
バターピーナッツ…30g
黄パプリカ…1個
にんにく（みじん切り）…½かけ分
長ねぎ（みじん切り）…¼かけ分
紹興酒…大さじ1
A│砂糖…小さじ½
　│しょうゆ…小さじ1
　│オイスターソース…大さじ½
塩・こしょう・片栗粉…各適量
サラダ油…大さじ½

作り方
1 鶏肉は余分な脂を除き、ペーパータオルに包んで水けを取り、1.5cm角に切り、塩、こしょう各少々、片栗粉小さじ1で下味をつける。パプリカはヘタと種を除いて1cm角に切る。

2 フライパンにサラダ油とにんにく、長ねぎを入れて中火で熱し、香りが出たら鶏肉を炒め、紹興酒を回しかけ、煮立たせる。鶏肉に火が通ったら、パプリカ、ピーナッツ、Aを加えて手早く混ぜ、塩、こしょう各少々で味をととのえる。

食材別おかずバリエ 豚肉おかず

01 豚しゃぶサラダ
ナンプラーとスイートチリソースでタイ風サラダ

材料（4人分）
豚肩ロースしゃぶしゃぶしゃぶ用肉
　…200g
紫玉ねぎ…½個
ベビーリーフ…1パック（40g）
トレビス…5枚
ルッコラ…1束
水菜…1株
酒…50ml
ドレッシング
　レモン汁…大さじ2、ナンプラー・スイートチリソース…各大さじ1、砂糖…小さじ1

作り方
1 鍋に水1ℓと酒を入れて強火にかけ、沸騰したら豚肉を入れてさっと火を通し、氷水で冷やし、ペーパータオルに包んで水けを取る。
2 紫玉ねぎは繊維を断つように薄切りにし、トレビス、ルッコラ、水菜は食べやすい大きさに切る。ベビーリーフとともに水にさらしてしっかり水けをきり、冷蔵庫で冷やす。
3 器に2を敷き、豚肉をのせる。ドレッシングはすべての材料を混ぜて別容器に入れる。

02 チャーシュー
甘辛の韓国風とピリ辛の中華風の2種類

材料（4人分）
豚肩ロースかたまり肉
　…2本（1本250g）
韓国風ダレ
　コチュジャン…大さじ1½、酒…大さじ1、しょうゆ…大さじ½、砂糖・にんにく（すりおろし）…各小さじ1
中華風ダレ
　甜面醤…大さじ1½、豆板醤…大さじ½、紹興酒…大さじ1、砂糖・にんにく（すりおろし）…各小さじ1

作り方
1 豚肉は室温に戻し、塩、こしょう各少々（分量外）をよくすり込み、ラップで二重に包む。
2 1を1本耐熱皿にのせて電子レンジで2分加熱し、一度取り出す。裏返してふわっとラップをして電子レンジで2分加熱し、そのまま5分ほどおく。もう1本も同様に作る。
3 タレはそれぞれフライパンに入れて熱し、2の豚肉と肉汁を加えて強火で煮絡める。粗熱が取れたら薄くスライスする。

03 豚肉のみそ漬け
みそとみりんを合わせて豚肉を漬けるだけ！

材料（4人分）
豚肩ロースとんかつ用肉…4枚（350g～400g）
A｜みそ…大さじ4
　｜みりん…大さじ1

作り方
1 豚肉をペーパータオルで包む。その上からAを全体に塗り、保存袋に入れ、ひと晩冷蔵庫におく。
2 1を室温に戻してペーパータオルをはがし、予熱したグリルで5～7分焼く。

食材別おかずバリエ 肉 牛肉おかず

01 簡単ローストビーフ
人気料理をフライパンで作る！ サンドイッチや丼にしても

材料（4人分）
- 牛ももステーキ用肉…2枚（1枚150g）
- にんにく…1かけ
- 酒…大さじ1
- 塩・こしょう…各少々
- サラダ油…大さじ½

作り方
1. 牛肉は室温に戻し、塩、こしょうをしっかりふる。
2. フライパンにサラダ油と芽を除いてつぶしたにんにくを入れて強火で熱し、香りが出たら1の片面を焦げ目がつくまで焼き、裏返して火を止め、素早く酒を回しかけて蓋をし、10分ほどおく。
3. 大きめに斜めそぎ切りにする。

02 牛肉とパプリカの中華炒め
焼肉用牛肉をオイスターソースと紹興酒で中華風に

材料（4人分）
- 牛ももステーキ用肉…200g
- パプリカ（赤・黄）…各½個
- にんにく…1かけ
- 塩・こしょう…各少々
- 酒…大さじ1
- 薄力粉…大さじ½
- A　オイスターソース・紹興酒…各大さじ1
　　しょうゆ…小さじ1
　　塩・こしょう…少々
- サラダ油…大さじ1

作り方
1. 牛肉はパプリカに合わせて長めに切り、塩、こしょう、酒、薄力粉で下味をつける。パプリカはヘタと種を除いて縦に6等分に切る。
2. にんにくは芽を除いて薄切りにする。
3. フライパンにサラダ油と2を入れて中強火で熱し、香りが出たら1の牛肉、パプリカを加えて炒め合わせ、Aを加えてさらに炒める。

03 牛肉とまいたけの時雨煮
香りのいいまいたけと牛肉の相性◎

材料（4人分）
- 牛切り落とし肉…200g
- まいたけ…2パック
- しょうが…½かけ
- A　みりん…大さじ2
　　酒・しょうゆ…各大さじ1½
　　砂糖…大さじ1
- ごま油…小さじ½

作り方
1. 牛肉は食べやすい大きさに切り、まいたけは食べやすい大きさにさく。しょうがはせん切りにする。
2. フライパンにごま油を熱し、しょうがと牛肉を中火で炒め、油が出たらまいたけを加えてさらに炒める。
3. 全体に油が回ったらAを加え、煮詰めるように炒める。

食材別おかずバリエ ひき肉おかず

01 野菜たっぷり鶏つくね

木綿豆腐を加えてヘルシーに 食物繊維もたっぷり！

材料（4人分）
- にんじん…1本　ごぼう…½本
- A
  - 鶏むねひき肉…200g
  - 木綿豆腐（水きり）…100g
  - 片栗粉…大さじ2
  - しょうゆ…小さじ2
  - 塩…小さじ½
  - ごま油…小さじ1
- 酒…大さじ1
- ごま油…小さじ1
- B
  - しょうゆ…大さじ1
  - みりん…大さじ2

作り方
1. にんじんは細いせん切り、ごぼうは小さめのささがきにして水にさらし、水けをふく。
2. ボウルにAを入れてよく混ぜ、1を加えてさらに混ぜ、8等分にする。
3. 手にごま油（分量外）少々をつけ、2を平らな丸型に成形する。
4. フライパンにごま油を熱し、3を中火で焼き色をつけ、裏返して酒を回しかけ、蓋をして弱火で3〜4分焼く。Bを加え、煮絡める。

02 一口ハンバーグ

切って混ぜるだけのお手軽ハンバーグ　ソースはお好みで

材料（4人分）
- A
  - 合びき肉…300g
  - 玉ねぎ（みじん切り）…大さじ4
  - パン粉…大さじ8
  - トマトケチャップ…大さじ1
  - 顆粒コンソメスープの素…小さじ2
  - 卵…1個
- 薄力粉…少々
- サラダ油…大さじ½

作り方
1. ボウルにAを入れてよく混ぜ、12等分にする。
2. 手にサラダ油（分量外）少々をつけ、1を平らな小判型に成形し、薄力粉を薄くまぶす。
3. フライパンにサラダ油を熱し、2の片面を中弱火で色よく焼き、裏返して蓋をし、弱火で5分ほど焼く。

03 和風ハンバーグ

長ねぎと白だしで和風に　お好みで青じそを添えても

材料（4人分）
- A
  - 豚ひき肉…300g
  - ごはん…70g
  - 長ねぎ（みじん切り）…大さじ3
  - 白だし…大さじ1
- 薄力粉…少々
- サラダ油…大さじ½

作り方
1. ボウルにAを入れてよく混ぜ、12等分にする。
2. 手にサラダ油（分量外）少々をつけ、1を平らな丸型に成形し、薄力粉を薄くまぶす。
3. フライパンにサラダ油を熱し、2の片面を中弱火で色よく焼き、裏返して蓋をし、弱火で5分ほど焼く。

食材別おかずバリエ 魚介 えび・ほたてのおかず

01 魚介類はしっかり加熱！ 野菜はほどよくゆで上げる
えびとカラフル野菜のレモンサラダ

材料（4人分）
えび…8尾
ブロッコリー…4房
パプリカ（赤・黄）…各¼個
A │ オリーブオイル…大さじ½
  │ レモン汁…大さじ1
  │ パセリ（みじん切り）…少々
  │ 塩・こしょう…各少々

作り方
1 えびは尾をキッチンバサミで斜めに切り、殻と背ワタを取り除く。片栗粉適量（分量外）をよく混ぜてから水で洗い、1〜1分30秒ゆでてザルに上げる。
2 ブロッコリー、ヘタと種を除いて一口大に切ったパプリカは塩ゆでしてザルに上げる。
3 ボウルにAを入れてよく混ぜ、1、2を加えてさらによく混ぜ合わせる。

02 カレー粉がほんのり効いた定番揚げ物
えびフライ

材料（4〜6人分）
えび…12尾
塩…小さじ½
カレー粉…小さじ½
薄力粉・溶き卵・パン粉・揚げ油
…各適量

作り方
1 えびは尾をキッチンバサミで斜めに切り、殻と背ワタを除く。片栗粉適量（分量外）をよく混ぜてから水で洗い、水けをよくふき取る。
2 1に塩、カレー粉をまぶし、竹串に2尾ずつ刺す。
3 薄力粉、溶き卵、パン粉の順に衣をつけ、170℃の揚げ油で1〜2分揚げる。

03 パプリカパウダーとチリパウダーで香りよくスパイシーに
ガーリックシュリンプ

材料（4人分）
えび…12尾
にんにく（みじん切り）…2かけ分
白ワイン…大さじ1
パプリカパウダー…大さじ½
チリパウダー…小さじ1
塩・こしょう…各少々
オリーブオイル…大さじ2

作り方
1 えびは尾をキッチンバサミで斜めに切り、背側に切り目を入れて背ワタを除く。片栗粉適量（分量外）をよく混ぜてから水で洗い、水けをよくふき取る。
2 フライパンにオリーブオイルとにんにくを中火で熱し、1のえび、白ワインを加えて煮立たせる。
3 パプリカパウダー、チリパウダーを加え、塩、こしょうで味をととのえる。

04 えびチリ

人気中華を手作りで！ えびは揚げてからソースと絡めます

材料（4人分）
- むきえび…200g
- しょうが・にんにく（みじん切り）…各小さじ½
- 長ねぎ（みじん切り）…大さじ2
- A | 卵白…1個分　酒…大さじ½
    | 片栗粉…大さじ1〜2
    | 塩・こしょう…各少々
- B | スイートチリソース…大さじ2
    | 酒・トマトケチャップ…各大さじ1
    | しょうゆ…大さじ½
- サラダ油・揚げ油…適量

作り方
1. えびは片栗粉適量（分量外）をよく混ぜてから水で洗い、水けをよくふき取る。
2. ボウルにAを入れてよく混ぜ、1を絡め、170℃の揚げ油で1〜1分30秒揚げる。
3. フライパンにサラダ油大さじ1、しょうが、にんにくを入れて中強火で炒め、Bを加えて塩、こしょう各少々（分量外）で味をととのえ、2、長ねぎを加えてさっと炒める。

05 ほたてのハーブフライ

ほたての水きりはしっかりと！　ハーブソルトで上品に！

材料（4人分）
- ほたて貝柱…8個
- ハーブソルト・薄力粉・溶き卵・パン粉・揚げ油…各適量

作り方
1. ほたては水けをよくふき取る。
2. ハーブソルトをふり、薄力粉、溶き卵、パン粉の順に衣をつけ、170℃の揚げ油で1〜1分30秒揚げる。

06 ほたての照り焼き

ほたてに味が染み込むように格子状に切り目を入れて

材料（4人分）
- ほたて貝柱…8個
- 酒…大さじ1
- A | 砂糖・しょうゆ…各大さじ1

作り方
1. ほたては水けをよくふき取り、片面に格子状の切り目を入れ、酒に10分ほど浸ける。
2. 1に混ぜ合わせたAをつけながら予熱したグリルで5〜6分焼く。

食材別おかずバリエ 魚介 切り身魚おかず

01 鮭の塩麹焼き
塩麹を塗ってひと晩おくだけ！ うまみ凝縮鮭の出来上がり

材料（4人分）
生鮭の切り身…4切れ
塩麹…大さじ8

作り方
1 生鮭はペーパータオルで包む。その上から塩麹を全体に塗り、ラップで包み、ひと晩冷蔵庫におく。
2 1のペーパータオルを外し、予熱したグリルで5〜6分両面焼く。

02 ぶりの竜田揚げ
甘辛しょうがじょうゆがぶりとよく合う！

材料（4人分）
ぶりの切り身…4切れ
A｜しょうゆ・みりん…各大さじ1
　｜砂糖…小さじ1
　｜しょうが（すりおろし）…小さじ1
片栗粉…大さじ3
揚げ油…適量

作り方
1 ぶりは皮と骨を除き、3等分に切り分け、Aに15分ほど漬け込む。
2 1に片栗粉をまぶし、170℃の揚げ油で1分30秒〜2分揚げる。

03 贅沢ぶり大根
大根はレンジ加熱で時短！ 黒酢を加えてコクアップ！

材料（4人分）
ぶりの切り身…4切れ
大根（1.5cm幅の輪切り）…½本分
しょうが（薄切り）…1かけ分
酒…50ml
砂糖…大さじ2
A｜しょうゆ・みりん
　｜　…各大さじ1½
　｜黒酢…大さじ1
塩…適量
サラダ油…大さじ1

作り方
1 ぶりはふり塩をして10分ほどおき、熱湯をかけて湯をきる。大根は耐熱皿にのせ、ラップをして電子レンジで4〜5分加熱する。
2 鍋にサラダ油としょうがを中強火で熱し、大根を中火で炒め、ぶりを加えて酒を回しかけ、煮立たせる。ひたひたの水、砂糖を加えて再び煮立たせ、落とし蓋をしてから蓋をし、5分ほど煮る。Aを加えてさらに落とし蓋をしてから蓋をし、途中、煮汁をかけながら弱中火で15分ほど煮て、火を止めて10分ほどおく。

食材別おかずバリエ 　魚介　ちくわ・はんぺんおかず

01 ちくわの磯辺揚げ

青のりとちくわの相性は◎　お好みでチーズをはさんでも

材料（4人分）
- ちくわ…4本
- しょうゆ…少々
- A
  - 卵白…1個分
  - 薄力粉…大さじ2
  - 青のり…小さじ½
  - 塩…小さじ⅓

作り方
1. ちくわは半分に切って斜めに切る。
2. ボウルにAを入れてよく混ぜ、生地がかたければ水適量を加えて調整する。1をくぐらせ、170℃の揚げ油で30秒〜1分揚げる。
3. 2にしょうゆをかける。

02 ちくわのピリ辛マヨ炒め

一味唐辛子でピリッと！　お好みで青じそを添えて

材料（4人分）
- ちくわ…4本
- ごま油…大さじ½
- 一味唐辛子…少々
- A
  - マヨネーズ…大さじ2
  - しょうゆ…小さじ1

作り方
1. ちくわは1cm幅の輪切りにする。
2. フライパンにごま油を熱し、1を中火で炒め、Aを加えてさらに炒める。
3. 一味唐辛子をふる。

03 れんこんとはんぺんのはさみ焼き

れんこんでふんわりはんぺんだねをはさんで焼き上げます

材料（4〜6人分）
- れんこん（5mm幅の薄切り）…12枚分
- 片栗粉…少々
- A
  - はんぺん…1枚（110g）
  - 万能ねぎ（小口切り）…2本分
  - しょうが（すりおろし）…小さじ½
  - 片栗粉・酒…各大さじ1
- ごま油…大さじ½
- B
  - めんつゆ（3倍濃縮）・水…各大さじ1

作り方
1. れんこんは水にさらしてアクを抜き、水けをふく。
2. フードプロセッサーに万能ねぎ以外のAを入れて撹拌し、なめらかになったら万能ねぎを加えて混ぜ、6等分にする。
3. 1のれんこんに片栗粉を薄くまぶし、2をはさみ、ごま油を熱したフライパンに入れて中火で片面焼き、裏返して蓋をし、弱火で5分ほど焼く。Bを加えて煮絡める。

食材別おかずバリエ 卵バリエ

01 カリカリ梅の厚焼き卵
やさしい甘さのふんわり卵にカリカリ梅がアクセントに！

材料（4人分）
- 卵…3個
- カリカリ梅…10個
- A
  - 煮きりみりん*…大さじ1
  - 薄口しょうゆ…小さじ2
  - 砂糖…小さじ1〜2
- サラダ油…適量

*みりんを沸騰させてアルコール分をとばしたもの

作り方
1. カリカリ梅は種を除き、粗みじん切りにする。卵はボウルによく溶き、Aを加えてよく混ぜ、ザルなどでこす。
2. 卵焼き器を中火で熱し、サラダ油を薄くひいて卵液を流し入れる。まわりから混ぜてスクランブルエッグ状にし、梅を卵焼き器の長い辺に沿ってのせて巻く（P110参照）。
3. 2を巻きすにのせ、形を整えながら巻き、冷めたら食べやすい大きさに切る。

02 う巻き
うなぎの蒲焼きを巻き込んだ極上卵焼き

材料（4人分）
- 卵…3個
- うなぎの蒲焼き…1/2枚
- A
  - 煮きりみりん*…大さじ2
  - 薄口しょうゆ…小さじ2
- サラダ油…適量

作り方
1. うなぎの蒲焼きは表示通りに電子レンジで温め、縦半分に切る。卵はボウルによく溶き、Aを加えてよく混ぜ、ザルなどでこす。
2. 卵焼き器を中火で熱し、サラダ油を薄くひいて卵液を流し入れる。まわりから混ぜてスクランブルエッグ状にし、うなぎの蒲焼きを卵焼き器の長い辺に沿ってのせて巻く（P110参照）。
3. 2を巻きすにのせ、形を整えながら巻き、冷めたら食べやすい大きさに切る。

03 ほうれん草の厚焼き卵
断面の彩り抜群！ほうれん草の下味はしっかりと

材料（4人分）
- 卵…3個
- ほうれん草…1株
- 塩・こしょう…各少々
- A
  - 煮きりみりん*…大さじ1
  - 薄口しょうゆ…小さじ2
  - 砂糖…小さじ1〜2
- サラダ油…適量

作り方
1. ほうれん草は塩ゆでし、冷水につけて水けを絞り、塩、こしょうで下味をつける。卵はボウルによく溶き、Aを加えてよく混ぜ、ザルなどでこす。
2. 卵焼き器を中火で熱し、サラダ油を薄くひいて卵液を流し入れる。まわりから混ぜてスクランブルエッグ状にし、ほうれん草を卵焼き器の長い辺に沿ってのせて巻く（P110参照）。
3. 2を巻きすにのせ、形を整えながら巻き、冷めたら食べやすい大きさに切る。

04 卵カステラ
はんぺんを加えてふんわりなめらかに

材料（4人分）
- 卵…5個
- はんぺん…1枚（110g）
- 砂糖…大さじ2
- みりん…大さじ1
- 酒…大さじ1
- はちみつ…大さじ1
- 水…大さじ1
- 白だし…小さじ1

作り方
1. すべての材料をフードプロセッサーに入れて攪拌し、なめらかにする。
2. 型にオーブンシートを敷いて1を流し入れ、160℃に熱したオーブンで20〜30分焼く。
3. 2を取り出し、ペーパータオルをのせ、アルミホイルで蓋をして10分以上蒸らす。冷めたら花型でくり抜く。

05 卵とえびの中華炒め
卵に火を通し過ぎないことがコツ　ごま油で風味よく

材料（4人分）
- 卵…2個
- むきえび…8〜10尾
- 長ねぎ（みじん切り）…大さじ2
- しょうが（みじん切り）…小さじ1
- 顆粒鶏がらスープの素…小さじ1/2
- ごま油…大さじ1

作り方
1. えびは片栗粉適量（分量外）をよく混ぜてから水で洗い、ゆでてザルに上げる。
2. ボウルに卵をよく溶き、鶏がらスープの素、長ねぎを加えてよく混ぜる。
3. フライパンにごま油としょうがを入れて中強火で熱し、1を加えてさっと炒め、2を加えてスクランブルエッグを作るように炒め合わせる。

06 味つけ卵
たっぷり作ってラーメンや丼のトッピングにも！

材料（5個分）
- ゆで卵…5個
- めんつゆ（3倍濃縮）*…大さじ4

＊鶏の照り焼き（P76）を一緒に作るのであれば、タレを代わりに使ってもよい。

作り方
1. 耐熱ボウルにめんつゆと水大さじ4を入れ、ラップをせずに電子レンジで2〜3分加熱する。
2. 1の粗熱が取れたらゆで卵を入れ、5分ごとに裏返して30分ほどおく。

食材別おかずバリエ 赤い野菜 にんじん

01 クミンシードでさわやかに香りよく
キャロットラペ

材料（4〜6人分）
にんじん…2本
A｜クミンシード…小さじ½
　｜オリーブオイル…小さじ1
　｜レモン汁…大さじ1
塩・こしょう…各少々

作り方
1 にんじんはスライサーでせん切りにし、塩少々（分量外）をあえ、しんなりしたら水けを絞る。
2 ボウルにAを入れてよく混ぜ、1を加えてあえ、塩、こしょうで味をととのえる。

02 スライサーでせん切りにしたにんじんで味をなじみやすく
にんじんのしりしり

材料（4〜6人分）
にんじん…2本
卵…2個
かつお節…2.5g
白炒りごま…小さじ1
白だし…大さじ1
薄口しょうゆ…小さじ2
ごま油…大さじ1

作り方
1 にんじんはスライサーでせん切りにする。卵はボウルによく溶き、白だしを加えて混ぜる。
2 フライパンにごま油を熱し、にんじんを中火で炒め、しんなりしたら溶き卵を回しかけて炒める。
3 薄口しょうゆを回しかけ、かつお節、ごまを加える。

03 オレンジジュースで上品な甘みにしたにんじん煮
にんじんのオレンジグラッセ

材料（4〜6人分）
にんじん…2本
オレンジジュース…50㎖
砂糖…大さじ1
塩…小さじ½
バター…大さじ½

作り方
1 にんじんは、1cm幅の輪切りにする。
2 鍋に1、ひたひたの水、砂糖、塩を加え、にんじんがやわらかくなるまで中弱火で煮る。
3 2にオレンジジュース、バターを加えて煮詰める。

食材別おかずバリエ 赤い野菜 ミニトマト

01 ミニトマトのハニーレモンピクルス
ミニトマトの表面に穴をあけて味をなじませます

材料（4人分）
- ミニトマト…20〜30個
- レモン（輪切り）…3枚
- A
  - レモン汁…大さじ2
  - 砂糖・はちみつ…各大さじ1
  - 塩…小さじ1/3
  - 水…100ml

作り方
1. ミニトマトは竹串で2か所穴をあける。
2. 耐熱ボウルにAを入れ、ラップをせずに電子レンジで沸騰するまで加熱する。室温まで冷ます。
3. 保存袋に1、2、レモンを入れ、冷蔵庫でひと晩漬ける。

02 ミニトマトとモッツァレラのカプレーゼ
スティックを刺してピンチョス風にしても◎

材料（4人分）
- ミニトマト…12個
- チェリーモッツァレラ…8個
- ドライバジル…少々
- 塩…少々
- オリーブオイル…小さじ1

作り方
1. 保存袋にすべての材料を入れて混ぜ、冷蔵庫で1時間以上漬ける。

03 ミニトマトの中華風ごまあえ
ごまとトマトを組み合わせて栄養価もうまみもアップ！

材料（4人分）
- ミニトマト…12個
- A
  - 白炒りごま・しょうゆ…各大さじ1/2
  - 酢・ごま油…各小さじ1
  - 塩・こしょう…各少々

作り方
1. ミニトマトは竹串で2カ所穴をあける。
2. 保存袋に1とAを入れて混ぜ、冷蔵庫で1時間以上漬ける。

野菜

食材別おかずバリエ 赤い野菜 赤パプリカ

01 パプリカと玉ねぎのマリネ
レモン汁・砂糖・オリーブオイルでシンプルに

材料(4人分)
- 赤パプリカ…1個
- 玉ねぎ…½個
- A
  - レモン汁…大さじ2
  - 砂糖…大さじ1
  - オリーブオイル…大さじ½
  - 塩…小さじ¼
  - こしょう…少々

作り方
1. パプリカはヘタと種を除いて5mm幅の細切り、玉ねぎは繊維に沿って5mm幅に切る。
2. 1に塩少々(分量外)をあえ、しんなりしたら水けを絞る。
3. ボウルにAを入れてよく混ぜ、2を加えてあえ、冷蔵庫で半日ほど漬ける。

02 ガパオ
角切りにした鶏肉で作る人気タイ料理

材料(4人分)
- 赤パプリカ…1個
- 鶏もも肉…1枚
- 玉ねぎ…½個
- にんにく(みじん切り)…½かけ分
- A
  - スイートチリソース…大さじ1
  - ナンプラー…大さじ1
  - 粉末コンソメスープの素…小さじ1
  - ドライバジル…小さじ½
- サラダ油…大さじ1

作り方
1. ヘタと種を除いたパプリカ、玉ねぎは1cm角に切る。
2. 鶏肉は余分な脂を除き、ペーパータオルに包んで余分な水けを取り、1cm角に切る。
3. フライパンにサラダ油とにんにくを入れて中強火で熱し、2、玉ねぎ、パプリカを順に炒め、Aを加えてさらに炒める。

03 パプリカと生ハムのフリット
生ハムの塩けとふんわり衣で後引くおいしさ

材料(4人分)
- 赤パプリカ…1個
- 生ハム…8枚
- 衣
  - 片栗粉…大さじ4
  - 薄力粉…大さじ2
  - ベーキングパウダー…小さじ⅔
  - 卵白…1個分
  - 水…大さじ1½
- 揚げ油…適量
- 塩…少々

作り方
1. パプリカはヘタと種を除き、8等分に切って生ハムを巻く。
2. ボウルに衣の材料を入れてよく混ぜ、1をくぐらせ、170℃の揚げ油で30秒〜1分揚げる。
3. 仕上げに塩をふる。

食材別おかずバリエ 赤い野菜 紫キャベツ

01 紫キャベツのマリネ
りんご酢とクミンシードでさわやか

材料（4人分）
- 紫キャベツ…¼個
- A
  - りんご酢…大さじ2
  - 砂糖…大さじ1
  - オリーブオイル…大さじ½
  - クミンシード…小さじ½
  - 塩…小さじ¼、こしょう…少々
  - ローリエ…1枚

作り方
1. 紫キャベツはせん切りにし、塩小さじ½（分量外）をあえ、しんなりしたら水けを絞る。
2. ボウルにAを入れてよく混ぜ、1を加えてあえ、冷蔵庫で1時間以上漬ける。

ARRANGE
紫キャベツと赤パプリカのマリネ
赤パプリカ¼個はヘタの種を取り除き、5mm幅の細切りにする。作り方1の紫キャベツと一緒に塩をあえ、あとは同様に作る。

02 紫キャベツのピクルス
ざく切り紫キャベツを甘酢にしっかり漬け込んで

材料（4人分）
- 紫キャベツ…¼個
- A
  - りんご酢…大さじ2
  - 砂糖…大さじ1
  - 塩…小さじ¼
  - こしょう…少々
  - ローリエ…1枚
  - 水…100ml

作り方
1. 耐熱ボウルにAを入れ、ラップをせずに電子レンジで沸騰するまで加熱し、室温まで冷ます。
2. 紫キャベツはざく切りにする。
3. 1に2を加え、冷蔵庫で半日以上漬ける。

03 紫キャベツとクランベリーのサラダ
クランベリーで香りよく　ギリシャヨーグルトでヘルシーに

材料（4人分）
- 紫キャベツ…⅙個
- 紫玉ねぎ…½個
- ドライクランベリー…大さじ2
- A
  - ギリシャヨーグルト…大さじ2
  - レモン汁…大さじ½
  - 砂糖…小さじ1
  - 塩・こしょう…各少々

作り方
1. 紫キャベツはせん切りにし、クランベリーと合わせて塩少々（分量外）であえ、しんなりしたら水けを絞る。
2. 紫玉ねぎは繊維に沿って薄切りにし、水にさらして水けをきる。
3. ボウルにAを入れてよく混ぜ、1、2を加えてあえる。

89

食材別おかずバリエ 黄色い野菜 かぼちゃ

01 ゆであずきとかぼちゃのホッとする組み合わせ
かぼちゃとあずきのいとこ煮

材料（4人分）
- かぼちゃ…¼個
- ゆであずき（加糖）…150g
- みりん…大さじ2
- 塩…小さじ¼
- しょうゆ…小さじ1

作り方
1. かぼちゃはワタと種を除き、一口大に切る。
2. 鍋にかぼちゃを入れ、みりん、水大さじ2、塩を加え、落とし蓋をしてから蓋をし、中弱火で10分ほど煮る。
3. かぼちゃがやわらかくなったら、ゆであずきを加え、しょうゆを加えてさっと混ぜ、2分ほど弱火で煮て、さっくりと混ぜる。

02 クリームチーズとナッツでデリ風サラダ
かぼちゃのサラダ

材料（4人分）
- かぼちゃ…⅛個
- 玉ねぎ…¼個
- クリームチーズ…30g
- マヨネーズ…大さじ1
- レーズン…大さじ1
- シナモン…少々
- アーモンド…5粒

作り方
1. かぼちゃはワタと種を除き、皮を所々むいて1.5cm角に切る。玉ねぎは薄切りにし、水にさらして水けをきる。
2. 耐熱ボウルにさっと水をくぐらせたかぼちゃを入れ、ふわっとラップをして電子レンジで3分加熱する。かぼちゃを裏返し、再度ラップをして2分加熱し、そのまま2分ほどおく。
3. 2が熱いうちに1の玉ねぎ、クリームチーズ、マヨネーズ、レーズン、シナモンを加えて混ぜ、アーモンドを砕いて散らす。

03 揚げたてのかぼちゃをつゆに浸します
かぼちゃの煮浸し

材料（4人分）
- かぼちゃ…⅛個
- めんつゆ（3倍濃縮）…大さじ2
- 揚げ油…適量

作り方
1. かぼちゃはワタと種を除いて一口大の1cm幅に切り、170℃の揚げ油で1分30秒〜2分素揚げする。
2. ボウルにめんつゆと水大さじ4を入れ、1を浸ける。

食材別おかずバリエ　黄色い野菜　とうもろこし

野菜

01 とうもろこしと玉ねぎのサラダ
シャキシャキ玉ねぎと甘いコーンを合わせたサラダ

材料（4人分）
コーン缶…100g
玉ねぎ…1/8個
レモン（輪切り）…2枚
レモン汁…大さじ1/2
オリーブオイル…小さじ1/2
塩・こしょう…各少々

作り方
1. 玉ねぎは薄切りにし、水にさらして水けをきる。レモンはいちょう切りにする。
2. ボウルにレモン汁、オリーブオイルを入れてよく混ぜる。
3. 2に水けをきったコーン、1を加え、塩、こしょうで味をととのえる。

02 とうもろこしの洋風ハーブ天ぷら
フレッシュなとうもろこしの天ぷらは絶品！

材料（4人分）
とうもろこし…1本
衣 ┃ 片栗粉…大さじ4
　 ┃ 薄力粉…大さじ2
　 ┃ ドライハーブミックス…小さじ1/3
　 ┃ ベーキングパウダー…小さじ2/3
　 ┃ 卵白…1個分
　 ┃ 水…大さじ1 1/2
塩…少々
揚げ油…適量

作り方
1. とうもろこしは長さを1/4に切り、包丁で実を削ぐ。
2. ボウルに衣の材料を入れてよく混ぜ、1をくぐらせ、170℃の揚げ油で1分～1分30秒揚げる。
3. 仕上げに塩をふる。

03 とうもろこしの照り焼き
香ばしい香りが食欲そそる夏の一品

材料（4人分）
とうもろこし…1本
A ┃ 砂糖…大さじ2
　 ┃ しょうゆ…大さじ1

作り方
1. とうもろこしは8等分の輪切りにする。
2. 1に混ぜ合わせたAをつけながら予熱したグリルで5～6分焼く。

91

食材別おかずバリエ 黄色い野菜 黄パプリカ

01 パプリカの甘みとセロリの風味が◎
パプリカとセロリのピクルス

材料（4人分）
パプリカ(黄)…1個
セロリ…½本
A　りんご酢…大さじ2
　　砂糖…大さじ1
　　塩…小さじ¼〜½
　　こしょう…少々
　　ローリエ…1枚
　　水…100ml

作り方
1　パプリカはヘタと種を除いて7mm幅の細切り、セロリは薄切りにする。
2　1に塩少々（分量外）をあえ、しんなりしたら軽く水けを絞る。
3　耐熱ボウルにAを入れ、ラップをせずに電子レンジで沸騰するまで加熱し、室温まで冷ます。
4　3に2を加え、冷蔵庫で1時間以上漬ける。

02 パプリカを切ってベーコンで巻くだけ！簡単で見栄えが◎
パプリカのベーコン巻き

材料（4人分）
パプリカ(黄)…½個
ベーコン…2枚
塩・こしょう…各少々
片栗粉…大さじ½

作り方
1　パプリカはヘタと種を除いて5mm幅に切り、保存袋に入れ、塩、こしょう、片栗粉を加えてふる。
2　ベーコンは縦横半分に切り、8等分にした1を巻き、爪楊枝で留める。
3　フライパンに油をひかずに2を綴じ目から中弱火で焼き、全体にこんがりと焼き色をつける。

03 香りのいいクレソンとパクチーを使って
パプリカの香草炒め

材料（4人分）
パプリカ(黄)…1個
にんにく…1かけ
クレソン・パクチー…各適量
ナンプラー…大さじ1
塩・こしょう…各少々
オリーブオイル…小さじ2

作り方
1　パプリカはヘタと種を除いて1.5cm幅に切り、にんにくは芽を除いてつぶす。クレソン、パクチーはざく切りにする。
2　フライパンにオリーブオイル、にんにくを中強火で熱し、パプリカを加えて炒める。
3　ナンプラー、塩、こしょうで味をととのえ、粗熱が取れたらクレソン、パクチーを加えてあえる。

食材別おかずバリエ 黄色い野菜 さつまいも

01 ピーナッツ大学いも
ピーナッツの食感がいいアクセントに

材料（4人分）
さつまいも…1本
バターピーナッツ（細かく砕く）
　…大さじ3
A　砂糖…50g
　　みりん…大さじ1
　　薄口しょうゆ…小さじ1
揚げ油…適量

作り方
1 さつまいもはよく洗い、皮つきのまま食べやすい大きさの乱切りし、水にさらしてアクを抜き、水けをよくふき取る。

2 1を160℃の揚げ油で2〜3分素揚げする。

3 フライパンにAを入れて中強火で混ぜながら温め、砂糖が溶けてまわりがぶつぶつと泡状になったら2を入れて全体に絡め、ピーナッツを加えて全体に絡ませる。

02 さつまいものレモン煮
レモンの果肉と果汁を使ってさっぱり

材料（4人分）
さつまいも…1本
砂糖…大さじ2½
みりん…大さじ2
塩…小さじ⅓
レモン汁…大さじ3
レモン（輪切り）…3枚

作り方
1 さつまいもはよく洗い、皮つきのまま1cm幅の輪切りにし、水にさらしてアクを抜く。

2 鍋に水けをきった1、ひたひたの水、砂糖、みりん、塩を加え、落とし蓋をしてから蓋をし、中火で10〜15分煮る。

3 蓋を開け、さつまいもに竹串を刺し、すっと通ったらレモン汁とレモンを加えてひと煮立ちさせ、そのまま冷めるまでおく。

03 フープロで栗きんとん
フードプロセッサーで簡単なめらかな仕上がりに

材料（4人分）
さつまいも…1本
栗の甘露煮…1瓶（5個）
栗の甘露煮のシロップ…適量
砂糖…大さじ1
ラム酒…大さじ½

作り方
1 さつまいもは皮を厚めにむき、2cm角に切る。水を2回かえてさらし、アクを抜く。水けをきり、耐熱ボウルに入れてふわっとラップをし、電子レンジで3分加熱し、一度混ぜてさらに2分加熱し、そのまま2分ほどおく。

2 1をフードプロセッサーに入れ、シロップを加えながらなめらかになるまで攪拌する。

3 2を耐熱ボウルに戻し、栗、砂糖、ラム酒を加えて混ぜ、ラップをせずに電子レンジで3〜5分加熱し、水分をとばす。

食材別おかずバリエ 緑の野菜 小松菜

01 小松菜とピーナッツのエスニック炒め
にんにく・砂糖・ナンプラーでできるエスニック風

材料（4人分）
- 小松菜…1束
- バターピーナッツ（細かく砕く）…大さじ2
- にんにく…1かけ
- 砂糖…小さじ1
- ナンプラー…大さじ1
- 塩・こしょう…各少々
- サラダ油…大さじ1

作り方
1. 小松菜の茎を5cmの長さ、葉は1cm幅に切る。にんにくは薄切りにする。
2. フライパンにサラダ油と1のにんにくを入れて中強火で熱し、小松菜の茎、葉、ピーナッツの順に炒め、砂糖、ナンプラーを加えて炒め、塩、こしょうで味をととのえる。

02 小松菜のナムル
シャキシャキの小松菜をにんにくごま油であえるだけ

材料（4人分）
- 小松菜…1束
- A
  - 長ねぎ（みじん切り）…大さじ1
  - にんにく（すりおろし）…小さじ1/3
  - 白炒りごま…小さじ2
  - ごま油…小さじ1
  - 塩…少々

作り方
1. 小松菜は塩ゆでしてザルに上げ、粗熱が取れたらしっかり水けを絞り、4等分に切る。
2. ボウルにAを入れてよく混ぜ、1を加えてよくあえる。

03 小松菜のお浸し
電子レンジで作るお浸し　せん切りしょうがをアクセントに

材料（4人分）
- 小松菜…1束
- しょうが（せん切り）…1/4かけ分
- かつお節…5g
- A
  - 和風だし…70ml
  - 薄口しょうゆ…大さじ1

作り方
1. 小松菜は塩ゆでしてザルに上げ、粗熱が取れたらしっかり水けを絞り、4等分に切る。
2. 耐熱ボウルにAを入れ、ラップをせずに電子レンジで沸騰させ、室温まで冷ます。
3. 2に1、しょうがを加えてよくあえ、かつお節を散らす。

食材別おかずバリエ　緑の野菜　アスパラガス

01 アスパラグラッセ
はちみつの甘みで仕上げるアスパラガスの含め煮

材料（4人分）
グリーンアスパラガス…8本
はちみつ…大さじ1
顆粒コンソメスープの素…小さじ½

作り方
1 アスパラはかたい部分を切り落とし、5cm長さに切り、さっと塩ゆでしてザルに上げ、水けをきる。
2 耐熱ボウルにはちみつとコンソメスープの素を入れてよく混ぜ、ラップをせずに電子レンジで沸騰するまで加熱し、1を加えてあえる。

02 アスパラといんげんの白すりごまよごし
食感のよい野菜をごまあえに　しっかりあえてなじませます

材料（4人分）
グリーンアスパラガス…4本
さやいんげん…12本
A｜白すりごま…大さじ1
　｜煮きりみりん*…大さじ1
　｜砂糖…小さじ½
　｜白だし…小さじ½
　｜しょうが（すりおろし）…少々
*みりんを沸騰させてアルコール分をとばしたもの

作り方
1 アスパラはかたい部分を切り落とし、いんげんはヘタを切り落とし、一緒に5cm長さに切り、さっと塩ゆでしてザルに上げ、水けをきる。
2 ボウルにAを入れてよく混ぜ、1を加えてあえる。

03 アスパラとツナのサラダ
刻んだくるみを加えた贅沢サラダ　ディルで風味もアップ

材料（4人分）
グリーンアスパラガス…8本
ツナ缶…小1缶
ローストくるみ（砕く）…大さじ1
ディル（刻む）…少々
A｜マヨネーズ…大さじ1
　｜レモン汁…小さじ1
塩・こしょう…各少々

作り方
1 アスパラはかたい部分を切り落とし、5cm長さに切り、さっと塩ゆでしてザルに上げ、水けをきる。ツナは油をきる。
2 ボウルにAを入れてよく混ぜ、1、くるみ、ディルを加えてあえ、塩、こしょうで味をととのえる。

食材別おかずバリエ 緑の野菜 ブロッコリー

01 ブロッコリーの卵サラダ
あえ衣は水きりヨーグルトでひと工夫　ブロッコリーになじみます

材料（4人分）
- ブロッコリー…½個
- セロリ…¼本
- ゆで卵…2個
- A
  - マヨネーズ…大さじ2
  - 水きりヨーグルト…大さじ1
  - レモン汁…小さじ1
- 塩・こしょう…各少々

作り方
1. ブロッコリーは小房に分け、さっと塩ゆでしてザルに上げ、粗熱が取れたら房の水けを絞る。
2. セロリは斜め薄切り、ゆで卵はざく切りにする。
3. ボウルにAを入れてよく混ぜ、1と2を加え、塩、こしょうで味をととのえる。

02 ブロッコリーのベーコン炒め
ブロッコリーの水けをしっかりきってから炒め合わせて

材料（4人分）
- ブロッコリー…½個
- ベーコン…2枚
- にんにく（みじん切り）…½かけ
- オリーブオイル…小さじ1
- 塩・こしょう…各少々

作り方
1. ブロッコリーは小房に分け、さっと塩ゆでしてザルに上げ、粗熱が取れたら房の水けを絞る。
2. ベーコンは5mm幅に切る。
3. フライパンにオリーブオイル、にんにく、2を入れて中強火で炒め、香りが出たら1を加えてさっと炒め、塩、こしょうで味をととのえる。

03 ブロッコリーの土佐あえ
かつお節と薄口しょうゆであえるからうまみ抜群！

材料（4人分）
- ブロッコリー…½個
- かつお節…2.5g
- 薄口しょうゆ…大さじ1
- 白炒りごま…小さじ1

作り方
1. ブロッコリーは小房に分け、さっと塩ゆでしてザルに上げ、粗熱が取れたら房の水けを絞る。
2. ボウルに1、薄口しょうゆ、かつお節、ごまを入れ、よくあえる。

食材別おかずバリエ 緑の野菜 ピーマン

01 ピーマンと塩昆布のサラダ

ピーマンと塩昆布、白ごまだけ！ ごはんにも合うサラダです

材料（4人分）
- ピーマン…3個
- 塩昆布…大さじ2
- 白炒りごま…小さじ1

作り方
1. ピーマンはヘタと種を除き、せん切りにする。
2. 保存袋に1、塩昆布、ごまを入れてよく混ぜ、冷蔵庫で15分以上おく。

02 ピーマンの肉詰め

豚ひき肉とみじん切り長ねぎを合わせてピーマンに詰めるだけ！

材料（4人分）
- ピーマン…4個
- A
  - 豚ひき肉…200g
  - 長ねぎ（みじん切り）…大さじ2
  - 白炒りごま…小さじ1
  - 片栗粉…大さじ1
  - しょうゆ…小さじ1
  - 塩・こしょう…各少々
- 片栗粉…少々
- めんつゆ（3倍濃縮）…小さじ1
- サラダ油…小さじ1

作り方
1. ボウルにAを入れ、しっかり混ぜる。
2. ピーマンは縦半分に切り、ヘタと種を除き、内側に片栗粉を薄くまぶし、1を詰める。
3. フライパンにサラダ油を熱し、2を肉の面を下にして入れ、蓋をしながら弱火で焼き、めんつゆと水小さじ1を加え、強火で煮絡める。

03 ピーマンの揚げ浸し

揚げたてピーマンをタレにジュッと漬け込みます

材料（4人分）
- ピーマン…4個
- A
  - しょうゆ・みりん・酒…各大さじ1
  - 砂糖…小さじ1
  - 和風だし…100mℓ
- 揚げ油…適量

作り方
1. ボウルにAを入れ、ラップをせずに電子レンジで沸騰するまで加熱する。
2. ピーマンは竹串で2カ所穴をあけ、170℃の揚げ油で1分30秒〜2分素揚げする。
3. 1に2を浸ける。

食材別おかずバリエ　白い野菜　かぶ

01 保存袋にかぶと塩麹、ゆずの皮を漬け込むだけ！
かぶの塩麹漬け

材料（4人分）
かぶ…2個
塩麹…大さじ2
ゆずの皮（せん切り）…少々

作り方
1 かぶは茎を2cmほど残して縦に4〜6等分に切り、塩少々（分量外）をあえる。しんなりしたら水けを絞る。
2 保存袋に1、塩麹、ゆずの皮を入れて軽くもみ、冷蔵庫で半日ほど漬ける。

02 にんにくとナンプラーでエスニック風に
かぶのエスニック浅漬け

材料（4人分）
かぶ（茎・葉つき）…2個
A にんにく（つぶす）…1かけ分
　酒・薄口しょうゆ…各大さじ1
　ナンプラー…大さじ½

作り方
1 耐熱ボウルにAを入れ、ラップをせずに電子レンジで沸騰するまで加熱し、室温まで冷ます。
2 かぶは薄切り、かぶの葉は3cm長さに切る。
3 保存袋に1、2を入れて軽くもみ、冷蔵庫で1時間ほど漬ける。

03 煮崩れ防止にオーブンシートで落とし蓋を
かぶの含め煮

材料（4人分）
かぶ…4個
A 和風だし…200〜250ml
　みりん・薄口しょうゆ
　　…各大さじ1
　砂糖…小さじ1
　しょうが（薄切り）…2枚

作り方
1 かぶは茎を2cmほど残し、皮をむく。
2 鍋にAを入れて煮立たせ、1を加えてオーブンシートで落とし蓋をし、10〜15分煮て、そのまま粗熱が取れるまでおく。

食材別おかずバリエ 白い野菜 カリフラワー

野菜

01 カリフラワーとうずらのピクルス
たっぷり作ってメイン料理に添えたり、サンドイッチの具材にしても

材料（4人分）
- カリフラワー…1/3個
- うずらの卵（水煮）…8個
- A
  - りんご酢…大さじ2
  - 砂糖…大さじ1
  - 塩…小さじ1/2
  - こしょう…少々
  - ローリエ…1枚
  - 水…100ml

作り方
1. 耐熱ボウルにAを入れ、ラップをせずに電子レンジで沸騰するまで加熱し、室温まで冷ます。
2. カリフラワーは小房に分け、縦に半分に切る。
3. 保存容器に2、うずらの卵を入れ、1を加えて冷蔵庫で半日ほど漬ける。

02 カリフラワーといかのマリネ
白ワインで風味も色味もよく仕上げます

材料（4人分）
- カリフラワー…1/4個
- 白いか…小5杯
- 白ワイン…50ml
- ディル…2枝
- A
  - りんご酢…大さじ2
  - 砂糖…大さじ1
  - 塩…小さじ1/2
  - こしょう…少々
  - オリーブオイル…小さじ2
  - ローリエ…1枚

作り方
1. カリフラワーは大きめの小房に分け、縦に2〜3等分に切り、塩少々（分量外）をふる。
2. いかは皮と腹ワタを除き、食べやすい大きさに輪切りにし、白ワインを加えた熱湯で30秒〜1分ゆでる。
3. ボウルにAを入れてよく混ぜ、1と2を加えてあえ、冷蔵庫で1時間ほど漬ける。仕上げにちぎったディルを散らす。

03 カリフラワーのチーズフリット
カリフラワーはホクホクに！ 衣に粉チーズを加えまし

材料（4人分）
- カリフラワー…1/2個
- 衣
  - 粉チーズ…大さじ2
  - 片栗粉…大さじ4
  - 薄力粉…大さじ2
  - ベーキングパウダー…小さじ2/3
  - 卵白…1個分
  - 水…大さじ1 1/2
- 塩…少々
- 揚げ油…適量

作り方
1. カリフラワーは大きめの小房に分ける。
2. ボウルに衣の材料を入れてよく混ぜ、1をくぐらせ、170℃の揚げ油で30秒〜1分揚げる。
3. 仕上げに塩をふる。

食材別おかずバリエ 白い野菜 れんこん

01 れんこんの甘辛煮
素揚げにしたれんこんに砂糖じょうゆを絡めるだけ！

材料（4人分）
れんこん…300〜400g
砂糖…大さじ1½
しょうゆ…大さじ1
揚げ油…適量

作り方
1 れんこんはよく洗い、皮つきのまま一口大の乱切りにし、水にさらしてアクを抜き、水けをよくふき取る。
2 1を170℃の揚げ油で1分30秒〜2分素揚げする。
3 フライパンに砂糖、しょうゆを入れて中火にかけ、2を加えて絡める。

02 酢ばす
食感よくゆでた薄切りれんこんを甘酢に染み込ませます

材料（4人分）
れんこん…100g
A｜ 酢・水…各100mℓ
　｜ 砂糖…大さじ3
　｜ みりん…大さじ1

作り方
1 れんこんは皮をむいてスライサーで薄切りにし、白くするために酢少々（分量外）を加えた水にさらしてアクを抜く。
2 1の水けをきり、酢少々（分量外）を加えた熱湯に入れて2〜3分ゆで、ザルに上げて冷ます。
3 鍋にAを合わせて中火にかけ、煮立ったら2を加え、弱火で2〜3分ほど煮る。粗熱が取れたら、冷蔵庫で半日以上おいて味を含ませる。

03 れんこんとたらこのきんぴら
たらこと青じそのせん切りであえる白だしのきんぴら

材料（4人分）
れんこん…200〜300g
たらこ…1本
青じそ…3枚
酒…大さじ1
白だし…小さじ½
塩…少々
ごま油…小さじ½

作り方
1 れんこんは皮をむいてスライサーで薄切りにし、酢少々（分量外）を加えた水にさらしてアクを抜く。
2 フライパンにごま油を熱し、水けをきった1を中火で炒め、たらこを加え、酒と白だしを回しかけて水分をとばすように炒め、塩で味をととのえる。
3 2の粗熱が取れたら青じそをせん切りにして加え、よくあえる。

食材別おかずバリエ　白い野菜　玉ねぎ

野菜

01 新玉ねぎとセロリのピクルス
野菜の風味を生かしつつピンクペッパーで彩りよく

材料（4人分）
新玉ねぎ…1個
セロリ…½本
A　りんご酢…大さじ2
　　砂糖…大さじ1
　　塩…小さじ½
　　こしょう…少々
　　ピンクペッパー…小さじ1
　　ローリエ…1枚
　　水…100㎖

作り方
1 耐熱ボウルにAを入れ、ラップをせずに電子レンジで沸騰するまで加熱し、室温まで冷ます。
2 玉ねぎは5mm幅の薄切り、セロリは斜め薄切りにする。
3 保存容器に1と2を入れ、冷蔵庫で半日ほど漬ける。

02 玉ねぎのナムル
電子レンジ加熱した薄切り玉ねぎにごま油をあえるだけ！

材料（4人分）
玉ねぎ…½個
万能ねぎ…2本
ごま油…小さじ1
白炒りごま…小さじ1
塩・こしょう…各少々

作り方
1 玉ねぎは5mm幅に切り、万能ねぎは小口切りにする。
2 耐熱ボウルに1を入れ、ふわっとラップをして電子レンジで1分30秒加熱し、そのまま1分ほどおく。
3 2にごま油、白ごまを加えてあえ、塩、こしょうで味をととのえる。

03 ペコロスのフライ
ペコロスの断面がかわいい！

材料（4人分）
ペコロス…4個
生ハム…4枚（または8枚）
薄力粉・溶き卵・パン粉・揚げ油
　…各適量

作り方
1 ペコロスは皮をむき、上下切り落とし、根元に包丁で1本切り目を入れる。
2 1に生ハムを全面に巻きつけ、薄力粉、溶き卵、パン粉の順に衣をつける。
3 170℃の揚げ油で2を3〜4分揚げ、半分に切る。

食材別おかずバリエ 茶・黒の野菜 じゃがいも

01 卵ポテサラ
マヨネーズとヨーグルトで仕上げるポテトサラダ

材料（4人分）
- じゃがいも…3個
- ゆで卵…2個
- スライスハム…4枚
- きゅうり…1/2本
- 玉ねぎ…1/8個
- セロリ…1/4本
- A マヨネーズ・ヨーグルト…各大さじ2
- 塩・こしょう…各少々

作り方
1. じゃがいもはよく洗い、皮つきのまま1個ずつペーパータオルに包み、水でぬらしてからラップをし、電子レンジで3分、裏返して3分加熱し、そのまま2分ほどおく。
2. ゆで卵はざく切り、ハムは1cm角に切り、きゅうり、玉ねぎ、セロリは薄切りにする。
3. 1のじゃがいもが熱いうちに皮をむいてつぶし、2を加えてよく混ぜ、Aで味をととのえる。

02 いも餅
バターの風味＆もちもち食感がたまらない！

材料（4人分）
- じゃがいも（メークイーン）…2個
- 片栗粉…大さじ4
- バター…適量
- 焼きのり…適量
- しょうゆ…大さじ1
- 砂糖…大さじ2
- バター…大さじ1

作り方
1. じゃがいもはよく洗い、皮ごとやわらかくなるまで10〜15分ゆでる。熱いうちに皮をむいてフードプロセッサーに入れ、片栗粉とバター30gを加えてなめらかになるまで攪拌する。
2. 1を8等分にし、直径4cmの平たい丸に成形し、2×2cmに切ったのりを両面に貼る。
3. フライパンにバター大さじ1を溶かし、2を中火で両面こんがりと焼き、砂糖としょうゆを加えてタレを絡める。

03 じゃがいもの煮っころがし
落とし蓋をしながらじっくり味を染み込ませます

材料（4人分）
- じゃがいも…大2個
- A 和風だし…150〜200mℓ
- しょうゆ・みりん…各大さじ1/2
- 砂糖…小さじ1

作り方
1. じゃがいもは皮をむき、食べやすい大きさに切る。
2. 鍋に1とAを入れ、落とし蓋をしてから蓋をし、中弱火で10〜15分煮て、じゃがいもがやわらかくなったら水分をとばすように煮る。

食材別おかずバリエ　茶・黒の野菜　なす

01 なすのエスニック揚げ浸し

揚げたてなすをスイートチリソースとナンプラーに漬け込みます

材料（4人分）
なす…3本
にんにく…1かけ
A｜赤唐辛子（小口切り）…½本
　｜スイートチリソース・
　｜　ナンプラー…各大さじ2
　｜水…150mℓ
揚げ油…適量
パクチー…適量

作り方
1. なすは縦半分に切り、皮に格子状の切り目を入れる。にんにくはつぶす。
2. ボウルにAを入れてよく混ぜる。
3. 170℃の揚げ油でにんにく、なすの順に2分～2分30秒素揚げし、2に浸ける。好みでパクチーを添える。

02 なすのしぎ焼き

なすとの相性抜群の肉みそ風味焼き

材料（4人分）
なす…2本
豚ひき肉…50g
しょうが（みじん切り）…小さじ1
みょうが（みじん切り）…1個分
白すりごま…小さじ1
砂糖…大さじ½
みそ…小さじ1
しょうゆ…小さじ½
揚げ油…適量

作り方
1. なすは上下を切り落とし、4等分の輪切りにし、170℃の揚げ油で1分～1分30秒素揚げする。
2. フライパンに油をひかず、ひき肉、しょうがを中火で炒め、砂糖、みそ、しょうゆを加え、水分をとばすように炒める。火を止め、ごま、みょうがを加える。
3. 1に2をのせる。

03 麻婆なす

素揚げなすを豆板醤入りのピリ辛ソースと炒め合わせます

材料（4人分）
なす…3本
豚肩ロースしょうが焼き用肉…150g
にんにく（みじん切り）…大さじ1
しょうが（みじん切り）…大さじ1
長ねぎ（みじん切り）…大さじ3
A｜豆板醤・甜麺醤・紹興酒
　｜　…各大さじ1
　｜砂糖・しょうゆ…各小さじ1
鶏ガラスープ…100mℓ
サラダ油…大さじ1½、揚げ油…適量

作り方
1. なすは大きめに乱切りし、170℃の揚げ油で素揚げする。豚肉は大きめに切り、塩、こしょう、薄力粉各少々（分量外）をまぶす。
2. 中華鍋にサラダ油を熱し、にんにく、しょうがを中強火で炒め、香りが出たら中火にして豚肉を加えて炒め、Aを加える。
3. 2になすとスープを加えてひと煮立ちさせ、長ねぎを加えて水溶き片栗粉大さじ4～5（分量外）でとろみをつける。

食材別おかずバリエ 茶・黒の野菜 ごぼう

01 水分をとばしながら香りよく仕上げます
ごぼうのきんぴら

材料（4人分）
- ごぼう…1本
- にんじん…1/3本
- 赤唐辛子（種を除く）…1本
- 砂糖…大さじ2/3
- 薄口しょうゆ…大さじ1
- みりん…大さじ1
- 酒…大さじ1
- ごま油…大さじ1/2
- 白炒りごま…少々

作り方
1. ごぼうとにんじんはせん切りにする。ごぼうは水にさらしてアクを抜き、水けをきる。
2. フライパンにごま油、赤唐辛子を中火で熱し、1を加えて炒め、酒を加えて煮立たせ、砂糖と水大さじ2を加えて炒め煮する。
3. 具材に火が通ったら薄口しょうゆ、みりんを加え、水けをとばすように炒め、ごまをふる。

02 鶏もも肉を角切りにした贅沢そぼろ！ ごまで風味よく
ごぼうと鶏そぼろ

材料（4人分）
- ごぼう…1本
- 鶏もも肉…1/2枚
- 白炒りごま…大さじ1/2
- A│ 酒・しょうゆ・みりん
  │ …各小さじ2
  │ 砂糖…小さじ1
- サラダ油…小さじ1

作り方
1. 鶏肉は余分な脂を除き、余分な水けをよくふき取り、1cm角に切る。
2. ごぼうは1cm角に切り、水にさらしてアクを抜き、水けをきる。
3. フライパンにサラダ油を熱し、1と2を中火で炒め、火が通ったらAを加えて煮絡める。仕上げにごまを加える。

03 ごぼうはたたいて味なじみと食感をよくします
たたきごぼう

材料（4人分）
- ごぼう…1本
- A│ 白すりごま…大さじ2
  │ 白だし…大さじ1 1/2
  │ 酢…大さじ1
  │ 砂糖…大さじ1/2

作り方
1. ごぼうは4〜5cm長さに切り、太いものは縦半分に切る。水にさらしてアクを抜く。水からゆで、沸騰して5〜6分たったらザルに上げて水けをきる。
2. 1を麺棒などで軽くたたく。
3. ボウルにAを入れてよく混ぜ、2を加えてあえる。

食材別おかずバリエ 茶・黒の野菜 きのこ

01 エリンギのスパイス炒め
カレー粉とクミンシードでスパイシーな一品に

材料（4人分）
- エリンギ…4本
- クミンシード…小さじ½
- しょうが（みじん切り）…¼かけ分
- にんにく（みじん切り）…½かけ分
- カレー粉…小さじ1
- 塩・こしょう…各少々
- オリーブオイル…大さじ½

作り方
1. エリンギは縦に半分に切る。
2. フライパンにオリーブオイル、クミンシードを中強火で熱し、しょうが、にんにくを炒め、1を加えて炒める。
3. カレー粉、塩、こしょうを加えて味をととのえる。

02 きのこのマリネ
きのこを炒めてから漬け込むコクのあるマリネです

材料（4～6人分）
- しめじ・エリンギ・しいたけ…各1パック
- にんにく（薄切り）…½かけ分
- 白ワイン…大さじ2
- A
  - りんご酢…大さじ2
  - 砂糖…大さじ1
  - 塩…小さじ½
  - こしょう…少々
  - ローリエ…1枚
- オリーブオイル…大さじ2
- 塩・こしょう…各少々

作り方
1. しいたけは軸を切り落とし、エリンギとともに食べやすい大きさに切り、しめじは石づきを切り落として大きめに分ける。
2. フライパンにオリーブオイル、にんにくを中強火で熱し、香りが出たら1を加えて炒め、全体に油が回ったら、白ワインを加えて水けをとばすように炒める。Aを加えてひと煮立ちさせ、塩、こしょうで味をととのえる。

03 焼きマヨしいたけ
丸ごとしいたけの香りと食感を生かした一品

材料（4人分）
- しいたけ…8個
- A
  - 万能ねぎ（小口切り）…4本分
  - マヨネーズ…大さじ3
  - 粉チーズ…大さじ2
  - 塩・こしょう…各少々

作り方
1. しいたけは軸を切り落とす。
2. カサの内側によく混ぜたAを塗り、予熱したグリルで3～4分焼く。

スピードおかずバリエ 電子レンジレシピ

01 レンチン肉巻き
にんじん、ピーマンで彩りよく！ ポン酢などお好みで添えて

材料（4人分）
- 豚肩ロースしゃぶしゃぶ用肉…16枚
- にんじん…1/2本
- ピーマン…2個
- 塩・こしょう…各少々
- 薄力粉…適量
- 酒…大さじ1
- 白炒りごま…大さじ1/2

作り方
1. にんじん、ヘタと種を取り除いたピーマンはせん切りにする。
2. 豚肉2枚を少し重なるように並べ（P70参照）、塩、こしょう、薄力粉を軽くふり、8等分にした1をのせて巻き、全体にも塩、こしょう、薄力粉をふる。これを8本作る。
3. 耐熱皿にオーブンシートを敷き、2をのせて酒を回しかけ、ふわっとラップして電子レンジで5分加熱し、そのまま2分ほどおく。仕上げにごまをまぶす。

02 レンチンかぼちゃのサラダ
オリーブオイルとレモン汁でさわやかヘルシーに

材料（4人分）
- かぼちゃ…1/8個
- 玉ねぎ…1/10個
- 砂糖…小さじ1～2
- レモン汁…大さじ1
- オリーブオイル…小さじ1/2
- 塩・こしょう…各少々

作り方
1. かぼちゃはワタと種を除き、皮を所々むいて2cm角に切る。玉ねぎは薄切りにする。
2. 耐熱ボウルにさっと水をくぐらせたかぼちゃを入れ、ふわっとラップして電子レンジで3分加熱する。かぼちゃを裏返し、再度ラップをして2分加熱し、そのまま2分ほどおく。
3. 2が熱いうちに玉ねぎ、砂糖を加えてよく混ぜ、レモン汁、オリーブオイル、塩、こしょうで味をととのえる。

03 レンチン鶏のチャーシュー
鶏肉はしっとりジューシー！ 肉汁はタレに加えて

材料（4人分）
- 鶏もも肉…2枚（280g×2）
- しょうが（すりおろし）…小さじ2
- めんつゆ（3倍濃縮）…大さじ1 1/2
- 塩・こしょう・薄力粉…各少々

作り方
1. 鶏肉は余分な脂を除き、水けをよくふき取る。厚みを均一にし、軽くたたいて平らにし、塩、こしょう、しょうがをすり込む。薄力粉を薄くまぶして巻き、たこ糸でしばる。
2. 耐熱皿に1をのせ、ふわっとラップし、電子レンジで3分加熱し、鶏肉を裏返し、ラップをして2分30秒加熱し、そのまま2分ほどおく。
3. 保存袋にめんつゆ、水大さじ1、肉汁を入れて混ぜ、2を加えて返しながら30分ほどおく。

04 紫いものお団子
ブランデーで大人の風味づけ　さつまいもでもOK

材料（4人分）
- 紫いも…1本
- 砂糖…大さじ1〜2
- みりん…大さじ½
- ブランデー…小さじ½

作り方
1. 紫いもは皮を厚めにむき、2cm角に切る。水を2回かえてさらし、アクを抜く。水けをきり、耐熱ボウルに入れてふわっとラップをし、電子レンジで4〜5分加熱し、そのまま粗熱を取る。
2. 1に砂糖、みりん、ブランデーを加え、マッシュしながらよく混ぜ、ラップをせずに電子レンジで3〜5分加熱し、水分をとばす。
3. 2をよく混ぜ、人肌に冷めたら、直径2cmに丸める。

05 サルシッチャ
香りよいイタリアソーセージを手作りチャレンジ！

材料（4人分）
- 豚ひき肉…150g
- セロリの葉（みじん切り）…大さじ3
- にんにく（みじん切り）…小さじ1
- ドライバジル…小さじ½
- 顆粒コンソメスープの素…小さじ½
- オリーブオイル…小さじ1
- 薄力粉…大さじ1
- 塩・こしょう…各少々

作り方
1. ボウルにすべての材料を入れてよく混ぜ、4等分にする。
2. ラップに包み、直径2cmのソーセージ状に成形し、キャンディー状に包んで両端を上でしばる。
3. 2を耐熱皿にのせ、電子レンジで5分加熱し、そのまま2分ほどおく。

06 彩りナムル
片栗粉をふりかけてもやしの水分を閉じ込めます

材料（4人分）
- にんじん…¼本
- さやいんげん…3本
- もやし…½袋
- しめじ…½袋
- 粉末鶏がらスープの素…小さじ2
- 片栗粉…大さじ½
- 塩・こしょう…各少々
- ごま油…小さじ½

作り方
1. にんじんはせん切り、いんげんは斜め薄切り、もやしはひげ根を除く。しめじは石づきを切り落としてほぐす。
2. 保存袋に1、鶏がらスープの素、片栗粉を入れてふる。
3. 耐熱ボウルに2を入れ、ふわっとラップして電子レンジで5分加熱し、そのまま2分ほどおく。ごま油を回しかけ、塩、こしょうで味をととのえる。

スピードおかずバリエ トースターレシピ

01 グラタン
トースターでできるこんがりグラタン　具材はお好みで

材料（4人分）
- マカロニ（乾）…60g
- ウインナーソーセージ…3本
- さやいんげん…3本
- 玉ねぎ…¼個
- ホワイトソース…200g
- シュレッドチーズ…大さじ3

作り方
1. ウインナーは5mm厚さに切り、いんげんは1cm長さに切り、玉ねぎは薄切りにする。
2. マカロニは表示通りに塩ゆでし、ゆであがり3分前に1を加えて一緒にゆでる。ザルに上げて湯をきり、ホワイトソースと混ぜる。
3. ほうろうの容器の底にオーブンシートを敷き、2を入れてチーズをかけ、オーブントースターで15分〜20分焼く。粗熱が取れたら容器から出し、食べやすい大きさに切る。

02 長ねぎのベーコン巻き
長ねぎにじっくり火を通して甘くジューシーに！

材料（4人分）
- 長ねぎ…1〜1½本
- ベーコン…4枚
- 塩・こしょう…各少々
- サラダ油…少々

作り方
1. 長ねぎは8等分に切り、半分に切ったベーコンを1枚ずつ巻き、竹串に4個ずつ刺して塩、こしょうを軽くふる。
2. 耐熱容器にサラダ油を塗り、1を入れて長ねぎがやわらかくなるまでオーブントースターで焼く。

03 じゃがいものガレット
じゃがいもとチーズのシンプル焼き

材料（4人分）
- じゃがいも…2個
- シュレッドチーズ…大さじ3
- 顆粒コンソメスープの素…小さじ½
- オリーブオイル…小さじ1

作り方
1. じゃがいもはスライサーでせん切りにしてボウルに入れ、残りの材料を加えて混ぜ合わせる。
2. ほうろうの容器の底にオーブンシートを敷き、1を平らに入れ、オーブントースターで15〜20分、じゃがいもがやわらかくなるまで焼く。
3. 粗熱が取れたら容器から出し、食べやすい大きさに切る。

スピードおかずバリエ　ポリ袋レシピ

01 プルコギ
よく漬けた牛肉は野菜酵素でやわらかくジューシーに

材料（4人分）
- 牛肩ロース薄切り肉…150g
- にんじん…1/4本
- 玉ねぎ…1/4個
- A
  - にんにく（すりおろし）…小さじ1
  - 砂糖…大さじ1/2
  - しょうゆ…大さじ1 1/2
  - 酒・ごま油…各大さじ1
  - りんごジャム…大さじ3
- 塩・こしょう…各少々
- サラダ油…大さじ1

作り方
1. にんじんはせん切り、玉ねぎは薄切り、牛肉は食べやすい大きさに切る。
2. ポリ袋にAを入れて混ぜ、1を加えてよくもみ込む。
3. フライパンにサラダ油を熱し、2を中火で炒め、塩、こしょうで味をととのえる。

02 ひじきの和風豆腐ミートローフ
脂肪分を抑えたヘルシー肉料理　ポリ袋のままゆでて

材料（4人分）
- 鶏ひき肉…150g
- 木綿豆腐（水きりする）…100g
- ひじきの煮物…80g
- パン粉…大さじ4
- しょうが（すりおろし）…小さじ1
- ごま油…小さじ1

作り方
1. ポリ袋にすべての材料を入れ、もみ込みながらよく混ぜる。
2. 1のポリ袋の空気を抜くように口を閉じ、細長い筒状に成形する。
3. 沸騰した湯に2を入れ、弱火で30分ほどゆでる。粗熱が取れたら袋から出し、食べやすい大きさに切る。

03 エスニックスチームチキン
パクチーとナンプラーで本格的な風味を再現！

材料（4人分）
- 鶏むね肉（皮なし）…1枚
- しょうが（すりおろし）…小さじ1
- 長ねぎ（みじん切り）…大さじ2
- パクチー（茎）…1本分
- ナンプラー…大さじ1
- 塩・こしょう…各少々

作り方
1. 鶏肉は余分な脂を除き、水けをよくふき取る。厚みを均一にし、軽くたたいて平らにし、塩、こしょう、しょうがをすり込む。長ねぎを散らして巻き、たこ糸で軽くしばる。
2. 1をポリ袋に入れ、パクチーの茎、ナンプラーを加え、空気を抜くように口を閉じる。
3. 沸騰した湯に2を入れ、弱火で20～30分ゆでる。粗熱が取れたら袋から出し、食べやすい大きさに切る。

column

\\ 超時短！ //

厚焼き卵の焼き方

厚焼き卵を焼くのが苦手な人へ。誰でも失敗しない
作り方を伝授します。ぜひ挑戦してみましょう。

材料（4人分）
卵…3個
A | 煮きりみりん*…大さじ1
　　 | 薄口しょうゆ…小さじ2
　　 | 砂糖…小さじ1～2
サラダ油…適量

＊みりんを沸騰させてアルコール分をとばしたもの

用途によって変わる巻き方

厚焼き卵は、お弁当箱の大きさや巻物に使う長さなどにより、横で巻く場合と、縦に巻く場合があります。特に長い巻物をするときは、縦の辺を使いながら焼くのがおすすめ。通常の場合は横の辺を使います。

縦の辺を使って巻いたバージョン。フライ返しを使えば上手くいきます。

横の辺を使って巻いたバージョン。普通のお弁当箱に詰めるときはこちらで。

作り方

01
卵はボウルによく溶き、**A**を加えてよく混ぜ、ザルなどでこす。卵焼き器を中火で熱し、サラダ油を薄くひいて卵液を流し入れる。まわりから混ぜスクランブルエッグ状にする。

02
フライ返しを使って卵焼き器の向こう側から手前に巻く。

03
巻き終えたら、卵焼き器の縁を使って軽く形を整える。

04
3を巻きすにのせ、形を整えるように巻き、冷めたら食べやすい大きさに切る。

miseben

Part 4

おでかけ弁当の

主食

バリエーション

おにぎり、巻き寿司、いなり寿司などのごはん料理、サンドイッチやちぎりパンなどのパン料理、そうめんなどの麺料理の主食レシピを豊富に紹介します。おいしく美しいおにぎりの握り方もこの機会にマスターしましょう。

おにぎりの
おいしい握り方

行楽弁当に欠かせないおにぎり。ただ握るだけ、と思いがちですが、冷めてもおいしく、形を揃えて握るためにはコツが必要です。ポイントを押さえて握ってみましょう。

01 塩ごはんを作る

炊きたてのごはんに、塩を加える。塩の割合はごはんに対して0.5%がちょうどよい塩加減。

02 ざっくり混ぜる

塩がごはん全体に行き渡るように、しゃもじで切るように混ぜる。ごはんの粒と粒が離れるように混ぜて、空気の層を作るのがコツ。

05 ラップごと握る

直接手で塩ごはんを握るのは、衛生面ではNG。ラップごと手に取り、具をごはんで包み込むように握る。

06 ラップをひっぱりながら

そのまま握ってしまうと、ラップが巻き込まれてしまうので、一度ギュッと握ったら、ラップをひっぱって、全体に整える。

塩ごはんは0.5%の塩分で

おにぎりが冷めてもおいしく感じる塩分は0.5%と覚えておきましょう。作り方のように、炊きあがったごはんに0.5%の塩を混ぜる方法が一般的ですが、お米3合＋規定の水分量＋塩小さじ1弱（0.5%）とあらかじめ塩を入れて炊く方法もオススメです。

おすすめの具（12個分）

焼き鮭 と **たらこ**

具としておすすめなのは、焼き鮭とたらこ。鮭の切り身2切れにみりん少々をかけ、たらこ2本と一緒に予熱したグリルで焼き、それぞれ3等分にする。

03 90gずつはかる

電子はかりに茶碗をおき、その上にラップをのせて、gをリセットする。そこに塩ごはんをのせ、90gずつはかる。

04 具をのせる

塩ごはんをはかったら、そのままの状態で、焼き鮭やたらこなどの具を真ん中にのせる。具の大きさは30g程度が目安。

07 三角に握る

片方の手をくの字に固定し、ごはんを転がしながら角を作り、厚みや側面を整えながら三角形を作っていく。

08 のりを巻く

平らな皿に縦長に切ったのりをのせ、おにぎりのラップをはがしてのせて巻く。このとき、ごはんに素手が触れないように注意して。

おにぎりバリエレシピ

01　パクチーとピーナッツを加えたエスニック風が◎
緑の豆と桜えびのおにぎり

材料（6個分）
塩ごはん（P113参照）…500ｇ程度
釜揚げ桜えび…20ｇ
ゆで枝豆（皮をむいたもの）…20ｇ
ゆでそら豆（皮をむいたもの）…20ｇ
パクチー（刻む）…1株分
ナンプラー…小さじ½
バターピーナッツ（砕く）…適量

作り方
1　ボウルにナンプラーを入れ、枝豆、そら豆を加えてよく混ぜる。
2　塩ごはん、1、桜えび、パクチーをよく混ぜる。
3　2を⅙量ずつラップに包んで平たい丸に握り、おにぎりが人肌に冷めたらラップを外し、ピーナッツをのせる。

02　赤じそふりかけと青じそで贅沢な香りが楽しめます！
ゆかりと青じそのおにぎり

材料（6個分）
ごはん…540ｇ程度
ゆかり…適量
青じそ…6枚

作り方
1　ごはんとゆかりをよく混ぜる。
2　1を⅙量ずつラップに包んで三角に握り、おにぎりが人肌に冷めたらラップを外し、青じその葉先が手前にくるように巻く。

03　栄養価の高い黒米とカルシウム豊富なじゃこでヘルシーに
黒米とじゃこのおにぎり

材料（6個分）
黒米ごはん*…540ｇ程度
ちりめんじゃこ…15ｇ
しょうが（みじん切り）…⅓かけ分
薄口しょうゆ…小さじ1
酒…小さじ1

＊米2合と黒米大さじ2を洗ってザルに上げ、炊飯器の内釜に入れる。2合の目盛りまで水を注ぎ、ふつうに炊く。

作り方
1　耐熱ボウルにちりめんじゃこ、しょうが、薄口しょうゆ、酒を加え、ふわっとラップをして電子レンジで30秒～1分加熱する。
2　1と黒米ごはんをよく混ぜ、⅙量ずつラップに包んで平たい丸に握る。おにぎりが人肌に冷めたらラップを外す。

04 たけのこごはんのおにぎり
青じそで巻いて風味＆彩りアップ！

材料（4人分・8個分）
- 米…1.5合
- もち米…0.5合
- たけのこ（水煮）…小½本
- 油揚げ（油抜きする）…½枚
- しょうが（せん切り）…1かけ分
- 和風だし…適量
- A
  - 薄口しょうゆ…大さじ2
  - 酒…大さじ1
  - 塩…小さじ¼
- 青じそ…8枚

作り方
1. 米ともち米は洗ってザルに上げる。たけのこは薄切り、油揚げは短冊切りにする。
2. 炊飯器の内釜に米、もち米、Aを入れ、2合の目盛りまで和風だしを注ぎ、たけのこと油揚げをのせてふつうに炊く。
3. 炊き上がったら、しょうがを加えてざっくりと混ぜ合わせる。
4. 3を⅛量ずつラップに包んで平たい丸に握り、おにぎりが人肌に冷めたらラップを外し、青じその葉先が手前にくるように巻く。

05 桜とちりめん山椒のおにぎり
桜の塩漬けとちりめん山椒の風味豊かなおにぎり

材料（4人分・8個分）
- 米…1.5合
- もち米…0.5合
- ちりめん山椒…大さじ4
- 桜の花の塩漬け…30g
- 和風だし…適量
- 酒…大さじ1
- 塩…少々
- 桜の葉の塩漬け…8枚

作り方
1. 米ともち米は洗ってザルに上げる。桜の花はぬるま湯でさっと塩を落とし、5分ほど水にさらす。桜の葉はきれいに洗い、水けをふく。
2. 炊飯器の内釜に米、もち米、酒、塩を入れ、2合の目盛りまで和風だしを注ぎ、桜の花をのせてふつうに炊く。
3. 炊き上がったら、ちりめん山椒を加えてざっくりと混ぜ合わせる。
4. 3を⅛量ずつラップに包んで俵型に握り、おにぎりが人肌に冷めたらラップを外し、桜の葉を巻く。

COLUMN
おにぎりを詰めるときに

おにぎりを重箱や竹籠にそのまま詰めてしまうと、ごはんがくっついてしまうことも。かといってラップやアルミホイルを敷くのは見た目にも残念な感じになりがちです。そこでおすすめなのがハラン。ハランは見た目はもちろん、防腐作用もあるので、お弁当にぴったり。竹皮も同様の効果があり、さらに通気性もあるので中身が蒸れず、おにぎりのおいしさをそのまま保つことができます。

ユリ科の植物、ハラン。真空パックで売られていることが多い。

竹皮は乾燥した状態で売られているので、使うときは水で戻すこと。

炊き込み&混ぜごはんバリエ

01 あさりのエスニック炊き込みごはん
あさりとナンプラーのうまみで炊き上げた極うまごはん

材料（4人分）
米…1.5合
もち米…0.5合
あさり缶…1缶（130g／固形分55g）
にんにく（みじん切り）…1かけ分
酒…大さじ1
顆粒鶏がらスープの素…小さじ1
塩…小さじ1/3
ナンプラー…大さじ1/2

作り方
1 米ともち米は洗ってザルに上げる。
2 炊飯器の内釜にナンプラーとあさりの身以外の材料を入れ（あさりの汁は入れる）、2合の目盛りまで水を注ぎ、ふつうに炊く。
3 炊き上がったらナンプラーを加えてさっと混ぜ合わせる。

02 たこと梅の炊き込みごはん
たこのうまみと梅の酸味がよく合います

材料（4人分）
米…1.5合
もち米…0.5合
ゆでだこ…150g
梅干し…4個
しょうが（せん切り）…1かけ分
酒…50ml
和風だし…適量
薄口しょうゆ…大さじ1

作り方
1 米ともち米は洗ってザルに上げる。たこは薄切り、梅干しは種を取り除く。
2 炊飯器の内釜に米、もち米、酒を入れ、2合の目盛りまで和風だしを注ぎ、たこと梅を加えてふつうに炊く。
3 炊き上がったら、薄口しょうゆ、しょうがを加えて混ぜ合わせる。

03 にんじんとツナの炊き込みピラフ
水の加減は少なめに　バターとパセリで香りよく

材料（4人分）
米…2合
にんじん（すりおろし）…小1本分
ツナ缶（小）…1缶
顆粒コンソメスープの素…小さじ1
ローリエ…1枚
バター…大さじ1
パセリ（みじん切り）…適量
塩・こしょう…各少々

作り方
1 米は洗ってザルに上げる。
2 炊飯器の内釜に米を入れ、2合の目盛りより5mm少なめに水を注ぎ、にんじん、油をきったツナ、コンソメスープの素、ローリエを加えてふつうに炊く。
3 炊き上がったらバターとパセリを加えてよく混ぜ合わせ、塩、こしょうで味をととのえる。

04 中華風おこわ
コクもうま味もギュッと詰まった贅沢おこわ

材料(4人分)
- 米…1.5合・もち米…0.5合
- 鶏もも肉…1枚
- たけのこ(水煮)…½本
- 長ねぎ(みじん切り)…½本分
- しょうが(みじん切り)…小さじ2
- 干ししいたけ…小6個
- 干しえび・酒…各大さじ1
- 塩・こしょう・しょうゆ…各少々
- A｜オイスターソース…大さじ3
  ｜しょうゆ…大さじ2
  ｜砂糖…小さじ1
- サラダ油…大さじ½

作り方
1. 米ともち米は洗ってザルに上げる。鶏肉は一口大に切り、塩、こしょう、しょうゆで下味をつける。たけのこは縦に6等分、干しえびは酒に浸し、干ししいたけは水で戻す。
2. フライパンにサラダ油、しょうが、長ねぎを中強火で熱し、鶏肉を炒め、A、干ししいたけと干しえびを戻し汁ごと加え、水分をとばすように煮絡め、具と煮汁を分ける。
3. 炊飯器の内釜に米、もち米、2の残った煮汁を入れ、2合の目盛りまで水を注いで混ぜ、具をのせてふつうに炊く。

05 鮭と青じその混ぜごはん
青じそにせん切りしょうがも加えたさわやか鮭ごはん

材料(4人分)
- ごはん…2合分
- 塩鮭の切り身…2切れ
- 青じそ…5枚
- みょうが…2本
- しょうが…½かけ
- 白炒りごま…適量
- みりん…大さじ½

作り方
1. 鮭はみりんに浸し、予熱したグリルで両面焼き、骨を取り除いて粗くほぐす。
2. 青じそ、しょうがはせん切り、みょうがは縦半分に切って薄切りにする。
3. 1と2をしっかり混ぜてからごはんと混ぜ合わせ、ごまをふる。

06 かぶの葉とじゃこの混ぜごはん
シャキシャキのかぶの葉とじゃこでヘルシーに

材料(4人分)
- ごはん…2合分
- かぶの葉…2個分
- ちりめんじゃこ…30g
- しょうがみじん切り…小さじ½
- 白いりごま…大さじ1
- 酒…大さじ1
- 塩…小さじ¼

作り方
1. かぶの葉は5mm幅に刻む。
2. フライパンに油をひかずにごはん以外の材料を入れ、水分をとばすように炒め合わせる。
3. 2とごはんを混ぜ合わせる。

ちらし寿司バリエ

01 にんじん・干ししいたけ・油揚げの甘辛味
3目ちらし

材料（4人分）

酢めし（下記参照）…2合分
にんじん…½本
干ししいたけ（戻す）…2個
油揚げ（油抜きする）…1枚
A│和風だし*…100㎖
　│みりん…大さじ2
　│砂糖…大さじ1
　│薄口しょうゆ…小さじ1
　│塩…小さじ¼

＊干ししいたけの戻し汁も含む

作り方

1 にんじん、干ししいたけ、油揚げは粗みじん切りにする。

2 鍋に1とAを入れ、落とし蓋をして水分がなくなるまで中火で煮る。

3 2と酢めしを混ぜ合わせる。

02 刻んだピクルスとピクルス液でワインにも合う酢めし
洋風ピクルスちらし

材料（4人分）

炊きたてのごはん…2合分
彩り野菜のピクルス（P63参照）
　…適量
彩り野菜のピクルス液…適量

作り方

1 ピクルスの野菜は7㎜角に切り、炊きたてのごはんに加え、空気を含ませるようにしゃもじで返しながら混ぜる。

2 様子を見ながらピクルス液を加えて混ぜ、人肌まで冷ます。

酢めし

材料（4人分）

炊きたてのごはん…3合分
A│酢…大さじ3
　│砂糖…大さじ⅔
　│塩…小さじ⅓
　│薄口しょうゆ
　　　…小さじ1

作り方

1 炊きたてのごはんにAを回し入れ、空気を含ませるようにしゃもじで返しながら混ぜ、人肌まで冷ます。

梅酢ごはん

材料（4人分）

炊きたてのごはん
　…3合分
梅酢…大さじ3

作り方

1 炊きたてのごはんに梅酢を回し入れ、空気を含ませるようにしゃもじで返しながら混ぜ、人肌まで冷ます。

いなり寿司バリエ

01 れんこんと梅酢のいなり寿司
甘辛のいなりあげにシャキシャキ酢ばすがよく合います

材料（12個分）
- いなりあげ（下記参照）…12枚
- 梅酢ごはん（P118参照）…2合分
- 酢ばす（P100参照）…12枚
- 三つ葉…適量
- 白炒りごま・黒炒りごま…各適量

作り方
1. いなりあげに梅酢ごはんを1/12量ずつ詰め、形を整える。表に酢ばすを1枚ずつのせ、さっとゆでた三つ葉を1本ずつ巻く。
2. 一口いなりは、形を整えたいなり寿司の両端に三つ葉を1本ずつ巻き、真ん中で半分に切る。切り口を上にし、黒ごま、白ごまをふる。

02 そうめんいなり
ごま油の香りを効かせたそうめんがいなり寿司に大変身

材料（12個分）
- いなりあげ（下記参照）…12枚
- そうめん（乾）…300g
- ごま油…小さじ1
- 塩…小さじ1/3
- 焼きのり…適量
- しょうが（みじん切り）…小さじ1

〈トッピング〉
- いくら…適量
- 鶏そぼろ…適量
- 厚焼き卵（P110参照）…適量
- 薬味 | みょうが（細かく刻む）…適量
       | 青じそ（細かく刻む）…適量

作り方
1. そうめんは表記通りにゆでて冷水でよく洗い、ザルに上げて水けをしっかりきり、ごま油、塩、しょうがを加えてあえる。
2. いなりあげに1を1/12量ずつ詰め、形を整える。両端に細く切ったのりを巻き、真ん中で半分に切る。
3. 切り口を上にし、いくら、そぼろ、薄切りにして花型でくり抜いた厚焼き卵、薬味をそれぞれのせる。

いなりあげ

材料（4人分）
- 油揚げ…6枚
- A | 薄口しょうゆ・みりん…各大さじ2
    | 砂糖…大さじ1 1/2
    | 水…100ml

作り方
1. 油揚げは半分に切って袋状に開き、ボウルに入れて熱湯を注ぎ、ヘラで押して全体を浸して油抜きする（箸を使うと穴が空くので注意）。ザルに上げ、粗熱が取れたら水けを絞る。
2. 鍋にAを入れてよく混ぜ、1を加えて全体に絡め、落とし蓋をして中火で10～15分ほど煮る（途中1回裏返す）。粗熱を取り、冷蔵庫でひと晩おく。

巻き寿司バリエレシピ

01 太巻き
焼きのりに広げる酢めしは押しつけるようにしっかりと！

材料（4人分）
酢めし（P118参照）…2合分
焼きのり…全形4枚
厚焼き卵（P110参照）…2個
きゅうり…1本
いなりあげ（P119参照）…2枚
干ししいたけ…小8個
A｜薄口しょうゆ・みりん
　｜　…各大さじ1
　｜砂糖…大さじ½
　｜水…100ml

作り方
1　干ししいたけは水で戻し、Aと一緒に落とし蓋をして中弱火で7〜10分煮て、薄切りにする。

2　厚焼き卵は細長く切り、きゅうりは縦に4等分、いなりあげは細切りにする。

3　巻きすの上にのりを1枚おき、4等分にした酢めしを全体に平たくのせる。手前に4等分にした1、2をのせて巻き、ラップに包む。これを4本作る。

4　3を30分ほどおいてごはんが落ち着いたら、ラップの上から包丁で2cm幅に切る。

02 キンパ
焼肉にナムルを巻き込んだ韓国風のり巻き

材料（4人分）
ごはん…2合分
焼きのり…全形4枚
白炒りごま…少々
ごま油…小さじ1
〈焼き肉〉
牛薄切り肉…200g
塩・こしょう・薄力粉…少々
サラダ油…大さじ½
A｜りんごジャム…大さじ2
　｜しょうゆ…大さじ1
　｜砂糖・酒・白すりごま・
　｜　ごま油…各小さじ1
　｜粉とうがらし（韓国）
　｜　…小さじ½〜1
　｜にんにく・しょうが
　｜　（すりおろし）…各小さじ½
〈にんじんと小松菜のナムル〉
にんじん…½本、小松菜…½束
酒…大さじ1

B｜白すりごま・ごま油…各大さじ1
　｜塩…小さじ¼
　｜しょうゆ…小さじ½
〈縦長の厚焼き卵〉（P110参照）
　…卵2個分を1個
〈魚肉ソーセージ〉
　（縦に4等分に切る）…1本分

作り方
1　焼き肉を作る。牛肉に塩、こしょうで下味をつけ、薄力粉をふり、サラダ油を熱したフライパンに入れ、中強火で色が変わるまで炒め、Aを加えて水分をとばすように炒める。

2　にんじんと小松菜のナムルを作る。にんじんはせん切りにして耐熱ボウルに入れ、酒を回しかけてふわっとラップをし、電子レンジで3分加熱する。小松菜は茎は3cm長さ、葉は1cm幅に切り、にんじんと同様に加熱する。それぞれ、水けを軽く絞り、Bを半量ずつ加えてよく混ぜる。

3　厚焼き卵は1cm角くらいの棒状に切る。

4　巻きすの上にのりを1枚のせ、ハケでごま油を薄く塗り、ごまをふってごはん200gを全体に平たくのせる。2等分にした1、4等分にした2、3をのせて巻き、ラップに包む。これを2本作る。

5　4と同様に、2等分にした魚肉ソーセージ、残りの2と3をのせて巻く。これを2本作る。

6　4と5を30分ほどおいてごはんが落ち着いたら、ラップの上から包丁で2cm幅に切る。

サンドイッチバリエレシピ

01 厚焼き卵とハムきゅうりサンド

厚焼き卵には生クリームをプラスしてまろやかに

材料（4人分）
- サンドイッチ用パン…10枚
- からしバター
  - バター・マヨネーズ…各大さじ2
  - マスタード…大さじ1

〈厚焼き卵サンド〉
- 卵…3個
- A
  - 砂糖…大さじ1
  - 塩…小さじ1/3
  - 生クリーム…大さじ3
- サラダ油…少々

〈ハムきゅうりサンド〉
- スライスハム…6枚
- きゅうり（薄切り）…1本分

作り方

1. 厚焼き卵を作る。ボウルに卵をよく溶き、Aを加えてよく混ぜ、ザルなどでこす。卵焼き器を中火で熱し、サラダ油を薄くひいて卵液を流し入れる。まわりから混ぜてスクランブルエッグ状にし、2つ折りにし、弱火で下の面が固まるまで加熱し、裏返してさらに加熱する。ペーパータオルの上にのせ、ラップに包み、人肌まで冷ます。

2. 厚焼き卵サンドを作る。パンの片面にからしバターを塗り、半分の厚さに切った厚焼き卵をのせ、からしバターを塗ったパンではさむ。これを2セット作る。

3. ハムきゅうりサンドを作る。パンの片面にからしバターを塗り、ハムを3枚のせる。片面にからしバターを塗ったパンをのせ、上にからしバターを塗り、きゅうりをのせ、片面にからしバターを塗ったパンではさむ。これを2セット作る。

4. 2と3を1セットずつ重ね、ラップにぴったりと包み、しばらくおいて4～6等分に切る。

02 ロールパンサンド

いろいろなサラダを詰めたデリ風サンド

材料（各3個分）
- バターロール…12個
- フリルレタス…適量
- バター…適量

〈卵サラダ〉
- ゆで卵…2個
- セロリ・セロリの葉（みじん切り）…各大さじ1
- マヨネーズ…大さじ1
- イタリアンパセリ（みじん切り）・塩・こしょう…各少々

〈ツナサラダ〉
- ツナ缶…小1缶
- ミックスビーンズ…30g
- 玉ねぎ（みじん切り）…大さじ1
- セロリ・セロリの葉（みじん切り）…各大さじ1
- マヨネーズ…大さじ1
- 塩・こしょう…各少々

〈えびとブロッコリー〉
- ゆでえび…6尾
- ゆでブロッコリー…4房
- ディル（刻む）…少々
- セロリ・セロリの葉（みじん切り）…各大さじ1
- マヨネーズ…大さじ1
- 塩・こしょう…各少々

作り方

1. 卵サラダを作る。ゆで卵をざく切りにして、卵サラダの残りの材料とよく混ぜる。

2. ツナサラダを作る。ツナの油をしっかりきり、ツナサラダの残りの材料とよく混ぜる。

3. えびとブロッコリーのサラダを作る。えびとブロッコリーを小さめに切り、えびとブロッコリーのサラダの残りの材料とよく混ぜる。

4. バターロールに切り目を入れ、切り口にバターを塗る。レタスをはさみ、それぞれの具を詰める。

サンドイッチバリエレシピ

03 オープンサンド
具材はお好みのものをお好み量でどうぞ！

材料（4人分）
- ちぎりパン（P123参照）…1個
- ウインナーソーセージ…3本
- ゆで卵…1個
- スモークサーモン…適量
- スライスハム…適量
- サラダ菜…適量
- ディル…適量
- トマトケチャップ・マヨネーズ…各適量
- バター…適量

作り方

1 ソーセージは格子状に切り目を入れ、サラダ油少々（分量外）を熱したフライパンに入れて中火で焼く。ゆで卵は薄切りにする。ハムは半分に切り2枚重ねる。

2 ちぎりパンのひとつひとつに、斜めに切り目を入れる。

3 切り口にバターを塗り、サラダ菜をはさみ、いろいろな具を好みで詰める。（ソーセージ×ケチャップ、ゆで卵×マヨネーズ、ハム、スモークサーモン×ディル）

※パンを前日に焼く場合は、保存袋に入れ、乾燥を防ぐ。

04 いもむしサンド
どこから食べるかワクワクのバゲットサンド

材料（4人分）
- 細身のバゲット…2本
- スライスハム…適量
- スモークサーモン…適量
- カマンベール…適量
- りんご…適量
- サラダ菜…適量
- からしバター（P121参照）…適量

作り方

1 カマンベールは7mm幅に切り、りんごはいちょう切りにする。

2 バゲットは容器の長さより3cm短く切り、等間隔に切り目を入れる。

3 切り口にからしバターを塗り、サラダ菜をはさみ、サラダ菜をはさみ、いろいろな具を好みで詰める。（ハム、カマンベール×りんご、スモークサーモン）

COLUMN

ちぎりパンの作り方

特別な型がなくても、ほうろうのバットがあれば、ふっくら焼けるちぎりパン。生地をこねるのはフードプロセッサーを使えばさらに簡単!

材料（25cm×18cm型 1個分）

A 強力粉…160g
　薄力粉…40g
　ドライイースト…4g
　砂糖…20g
　塩…3g

牛乳…80ml
水…60ml
バター…25g

01

Aをよく混ぜてフードプロセッサーに入れ、牛乳、水を加えて混ぜ、ひとまとめになったらバターを加えてさらに混ぜ、台に取り出す。

02

バター適量（分量外）を塗った手で丸めて、大きめのボウルに入れ、ラップをして暖かい場所におき、生地が1.5～2倍になるまで40分～1時間発酵させる。

03

2の生地を少量の打ち粉をした台に取り出し、25gずつ分割し、手のひらで丸める。

04

乾いた清潔な布巾の上にのせ、かたく絞った清潔な布巾をかけ15分ほど休ませる。

05

4の生地をつぶして丸め直し、オーブンシートを敷いたほうろうバットに並べてオーブンの発酵機能を使って生地が1.5～2倍になるまで30～40分発酵させる。

06　焼きあがり!

170℃に予熱したオーブンで15～20分焼き、ほうろうバットから取り出して網の上で冷ます。

column

\\ こんなにある！ //
お弁当箱&お弁当グッズ

本書で使った主要なお弁当箱とお弁当グッズをご紹介。ある程度大きさを知っておくと、おかずをキレイに詰める目安にもなります。様々な材質があるのでチェックして。

重箱　主におせちなど、ハレの日の料理を入れる箱として有名ですが、花見や運動会などのお弁当箱としてもよく使われています。

二段重箱
15.8×15.8×4.4cm×2段
真っ白いスタイリッシュな二段重。洋風おせちなど、オリジナルのおせちを詰めたり、おもてなしの器にも。

二・三段重箱
（中が赤）16.8×16.8×4cm×3段
（中が茶）18×18×5cm×2段
周りが木で中が塗りのタイプの重箱。蓋をあけたときの印象が違います。三段重より、二段重の方が大きめ。

 長方形の木箱は、一段でも素敵。おにぎりやお寿司などを詰めて。

 通気性がよく、お弁当が腐るのを防ぐお弁当箱。大きさは様々。

長方形の木箱
24×15×4cm
正方形と長方形のタイプがある。なめらかな木の質感が上質で、持ちより弁当のおかずを詰めるのも素敵。

竹籠
25.8×16.2×5cm
少し平たいタイプを選ぶと、おにぎりを詰めるのに最適。ハランなどを敷いてからおにぎりを詰めるのが◎。

column

プラスチック製容器

保存性の高いプラスチック製容器は、密閉性が高いので差し入れ向き。

プラスチック製容器
（大）20×13.5×5cm
（小）12×11×5cm
大きさを大、中、小と揃えておくと便利。差し入れするなら、中身がわかる透明なタイプがベストです。

紙箱

紙箱はお菓子やパンなどに◎。工夫をすればおかずもOK。

紙箱
（長方形）19.5×13×8cm
（丸型）直径17×5cm
お菓子の紙箱も、お弁当箱としておすすめ。水分に弱いので、詰める前にオーブンシートを敷くのが◎。

空き缶

クッキーなどの空き缶は、サンドイッチなどの差し入れに。

クッキーの缶
25×17.3×5cm
クッキーの缶は丈夫なので、サンドイッチやパン、マフィンの詰め合わせはもちろん、おかずを詰めても。

ほうろう容器

蓋つきのほうろうバットや保存容器は、弁当箱としても。

ほうろうバット
（大）29×22.8×5.7cm
（小）25.2×18.8×4.8cm
おかずをそのまま詰め合わせたり、マリネなどの汁が多めのおかずを詰めてもOK。差し入れにも便利な容器。

プラスチックカップ

小さめのおかずを入れるカップ。汁も漏れにくくて便利。

各種プラカップ
ディップやサラダなど水分があるおかずを少し詰めるときは、カップに詰めて蓋をしてからお弁当箱へ。

竹串

おかずを数種類、竹串で刺したり、ピック代わりにも。

13.5cmの竹串
竹串はフィンガーフードのお弁当を作るときに。焼き鳥のように肉と野菜を刺したり、ピックとしても便利。

---

memo

重箱には様々なサイズがありますが、6.5寸（縦19.5cm×横19.5cm×高さ19.5cm）の三段重が一番人気で、だいたい3〜5人分のご飯やおかずを入れることが可能。また、その他には5寸（縦15cm×横15cm×高さ15cm）か4寸（縦12cm×横12cm×高さ12cm）があり、こちらの小さめのサイズも、1〜2人家族にとってはちょうどいいサイズです。

さくいん

肉・肉加工品

■牛肉
肉巻きおにぎり ・・・・・・・・・・・・・・・・・・43
簡単ローストビーフと
　　紫キャベツのピンチョス ・・・・・・・・・・・・55
牛肉とパプリカの肉巻き ・・・・・・・・・・・70
牛肉とごぼうの肉巻き ・・・・・・・・・・・・70
簡単ローストビーフ ・・・・・・・・・・・・・・78
牛肉とパプリカの中華炒め ・・・・・・・・78
牛肉とまいたけの時雨煮 ・・・・・・・・・・78
ブルコギ ・・・・・・・・・・・・・・・・・・・・・109
キンパ ・・・・・・・・・・・・・・・・・・・・・・120

■豚肉
肉巻きおにぎり ・・・・・・・・・・・・・・・・・・43
豚肉と漬け物の肉巻き ・・・・・・・・・・・68
豚肉ときのこの肉巻き ・・・・・・・・・・・・68
豚肉とアスパラの肉巻き ・・・・・・・・・・68
豚しゃぶサラダ ・・・・・・・・・・・・・・・・・77
チャーシュー ・・・・・・・・・・・・・・・・・・・77
豚肉のみそ漬け ・・・・・・・・・・・・・・・・77
麻婆なす ・・・・・・・・・・・・・・・・・・・・103
レンチン肉巻き ・・・・・・・・・・・・・・・・106

■鶏肉
筑前煮 ・・・・・・・・・・・・・・・・・・・・・・66
鶏ささみと野菜の肉巻き ・・・・・・・・・69
鶏ささみの梅しそ巻き ・・・・・・・・・・・69
鶏ささみのイタリアンロール ・・・・・・・69
王道から揚げ ・・・・・・・・・・・・・・・・・71
青のり塩から揚げ ・・・・・・・・・・・・・・71
ピリ辛から揚げ ・・・・・・・・・・・・・・・・71
油淋鶏風から揚げ ・・・・・・・・・・・・・72
韓国風手羽中から揚げ ・・・・・・・・・・72
チューリップから揚げ ・・・・・・・・・・・・72
鶏の照り焼き ・・・・・・・・・・・・・・・・・76
一口ローストナキン ・・・・・・・・・・・・・76
鶏肉とピーナッツの中華炒め ・・・・・・76
ガパオ ・・・・・・・・・・・・・・・・・・・・・・88
ごぼうと鶏そぼろ ・・・・・・・・・・・・・・104
レンチン鶏のチャーシュー ・・・・・・・・106
エスニックスチームチキン ・・・・・・・・109
中華風おこわ ・・・・・・・・・・・・・・・・117

■ひき肉
カラフル肉詰めピーマン ・・・・・・・・・・47
5色あられの揚げお花見団子 ・・・・・・55
王道ミートボール ・・・・・・・・・・・・・・・74
中華風ミートボール ・・・・・・・・・・・・・74
洋風クリームミートボール ・・・・・・・・・74
爆弾スコッチエッグ ・・・・・・・・・・・・・75
青じそ鶏つくね ・・・・・・・・・・・・・・・・75
照り焼き風鶏団子 ・・・・・・・・・・・・・・75
野菜たっぷり鶏つくね ・・・・・・・・・・・79
一口ハンバーグ ・・・・・・・・・・・・・・・79
和風ハンバーグ ・・・・・・・・・・・・・・・79
ピーマンの肉詰め ・・・・・・・・・・・・・・97
なすのしぎ焼き ・・・・・・・・・・・・・・・103
サルシッチャ ・・・・・・・・・・・・・・・・・107
ひじきの和風豆腐ミートローフ ・・・・・109

■肉加工品
手まりおにぎり ・・・・・・・・・・・・・・・・・39
さっぱりロールキャベツ ・・・・・・・・・・・51
スパムおにぎり ・・・・・・・・・・・・・・・・59
鶏ささみと野菜の肉巻き ・・・・・・・・・69
鶏ささみのイタリアンロール ・・・・・・・69
パプリカと生ハムのフリット ・・・・・・・・88
パプリカのベーコン巻き ・・・・・・・・・・92
ブロッコリーのベーコン炒め ・・・・・・・96
ペコロスのフライ ・・・・・・・・・・・・・・101
卵ポテサラ ・・・・・・・・・・・・・・・・・・102
グラタン ・・・・・・・・・・・・・・・・・・・・108
長ねぎのベーコン巻き ・・・・・・・・・・108
厚焼き卵とハムきゅうりサンド ・・・・・121
オープンサンド ・・・・・・・・・・・・・・・122

いもむしサンド ・・・・・・・・・・・・・・・・122

魚介・魚介加工品

■いか・えび・たこ・ほたて
一口そうめん ・・・・・・・・・・・・・・・・・24
オープンいなり ・・・・・・・・・・・・・・・・49
えびの含め煮 ・・・・・・・・・・・・・・・・・57
えびとカラフル野菜のレモンサラダ ・・・80
えびフライ ・・・・・・・・・・・・・・・・・・・80
ガーリックシュリンプ ・・・・・・・・・・・・80
えびチリ ・・・・・・・・・・・・・・・・・・・・81
ほたてのハーブフライ ・・・・・・・・・・・81
ほたての照り焼き ・・・・・・・・・・・・・・81
卵とえびの中華炒め ・・・・・・・・・・・・85
カリフラワーといかのマリネ ・・・・・・・99
たこと梅の炊き込みごはん ・・・・・・・116
ロールパンサンド ・・・・・・・・・・・・・・121

■切り身魚（かじきまぐろ・ぶり・鮭）
フィッシュフライ ・・・・・・・・・・・・・・・41
鮭の塩麹焼き ・・・・・・・・・・・・・・・・82
ぶりの竜田揚げ ・・・・・・・・・・・・・・・82
贅沢ぶり大根 ・・・・・・・・・・・・・・・・82
焼き鮭とたらこのおにぎり ・・・・・・・・113
鮭と青じその混ぜごはん ・・・・・・・・117

■桜えび・干しえび・ちりめんじゃこ
カルシウムたっぷり小魚ふりかけ ・・・・・59
緑の豆と桜えびのおにぎり ・・・・・・・114
黒米とじゃこのおにぎり ・・・・・・・・・114
桜とちりめん山椒のおにぎり ・・・・・・115
中華風おこわ ・・・・・・・・・・・・・・・・117
かぶの葉とじゃこの混ぜごはん ・・・・・117

■魚卵（いくら・たらこ）
オープンいなり ・・・・・・・・・・・・・・・・49
れんこんとたらこのきんぴら ・・・・・・・100
焼き鮭とたらこのおにぎり ・・・・・・・・113
そうめんいなり ・・・・・・・・・・・・・・・・119

■うなぎの蒲焼き
オープンいなり ・・・・・・・・・・・・・・・・49
う巻き ・・・・・・・・・・・・・・・・・・・・・84

■スモークサーモン
手まりおにぎり ・・・・・・・・・・・・・・・・・39
クリームチーズと
　　セミドライトマトのマフィン＆
　　枝豆とスモークサーモンのマフィン ・・・45
豆腐とサーモンの野菜ディップ ・・・・・51
スモークサーモンとゆで卵の春巻き ・・・66
オープンサンド ・・・・・・・・・・・・・・・122
いもむしサンド ・・・・・・・・・・・・・・・・122

■練り物・加工品
（ちくわ・魚肉ソーセージ・はんぺん）
はんぺんで3種のさつま揚げ ・・・・・・47
ちくわの磯辺揚げ ・・・・・・・・・・・・・83
ちくわのピリ辛マヨ炒め ・・・・・・・・・・83
伊達巻 ・・・・・・・・・・・・・・・・・・・・57
れんこんとはんぺんのはさみ焼き ・・・・83
卵カステラ ・・・・・・・・・・・・・・・・・・85
キンパ ・・・・・・・・・・・・・・・・・・・・・120

■魚介缶詰
梅おかかとツナのおにぎり ・・・・・・・・61
アスパラとツナのサラダ ・・・・・・・・・95
あさりのエスニック炊き込みごはん ・・・116
にんじんとツナの炊き込みピラフ ・・・・116
ロールパンサンド ・・・・・・・・・・・・・・121

海藻・海藻加工品

■昆布・塩昆布
かつおと昆布のふりかけ ・・・・・・・・・59
ピーマンと塩昆布のサラダ ・・・・・・・97

■青のり・焼きのり

カルシウムたっぷり小魚ふりかけ ・・・・・59
スパムおにぎり ・・・・・・・・・・・・・・・・59
梅おかかとツナのおにぎり ・・・・・・・・61
青のり塩から揚げ ・・・・・・・・・・・・・・71
ちくわの磯辺揚げ ・・・・・・・・・・・・・83
いも餅 ・・・・・・・・・・・・・・・・・・・・102
焼き鮭とたらこのおにぎり ・・・・・・・・113
そうめんいなり ・・・・・・・・・・・・・・・・119
太巻き ・・・・・・・・・・・・・・・・・・・・120
キンパ ・・・・・・・・・・・・・・・・・・・・・120

野菜・野菜加工品

■枝豆
はんぺんで3種のさつま揚げ ・・・・・・47
緑の豆と桜えびのおにぎり ・・・・・・・114
クリームチーズと
　　セミドライトマトのマフィン＆
　　枝豆とスモークサーモンのマフィン ・・・45

■かぶ
かぶの塩麹漬け ・・・・・・・・・・・・・・・98
かぶのエスニック浅漬け ・・・・・・・・・98
かぶの含め煮 ・・・・・・・・・・・・・・・・98
かぶの葉とじゃこの混ぜごはん ・・・・・117

■かぼちゃ
甘い生地でかぼちゃとくるみのマフィン＆
　　チョコバナナマフィン ・・・・・・・・・・・45
かぼちゃとあずきのいとこ煮 ・・・・・・・90
かぼちゃのサラダ ・・・・・・・・・・・・・・90
かぼちゃの煮浸し ・・・・・・・・・・・・・・90
レンチンかぼちゃのサラダ ・・・・・・・・106

■カリフラワー
グリーンサラダ ・・・・・・・・・・・・・・・・21
豆腐とサーモンの野菜ディップ ・・・・・51
カリフラワーとうずらのピクルス ・・・・・99
カリフラワーといかのマリネ ・・・・・・・99
カリフラワーのチーズソリット ・・・・・・99

■キャベツ・紫キャベツ
さっぱりロールキャベツ ・・・・・・・・・・・51
簡単ローストビーフと
　　紫キャベツのピンチョス ・・・・・・・・・・55
紫キャベツのマリネ ・・・・・・・・・・・・・89
紫キャベツと赤パプリカのマリネ ・・・・89
紫キャベツのピクルス ・・・・・・・・・・・89
紫キャベツとクランベリーのサラダ ・・・89

■きゅうり
スティックきゅうりの浅漬け ・・・・・・・・39
オープンいなり ・・・・・・・・・・・・・・・・49
彩り野菜のピクルス ・・・・・・・・・・・・63
卵ポテサラ ・・・・・・・・・・・・・・・・・・102
太巻き ・・・・・・・・・・・・・・・・・・・・120
厚焼き卵とハムきゅうりサンド ・・・・・121

■グリーンアスパラガス
グリーンサラダ ・・・・・・・・・・・・・・・・21
豆腐とサーモンの野菜ディップ ・・・・・51
豚肉とアスパラの肉巻き ・・・・・・・・・68
アスパラグラッセ ・・・・・・・・・・・・・・95
アスパラといんげんの白すりごまよごし ・・・95
アスパラとツナのサラダ ・・・・・・・・・95

■ごぼう
筑前煮 ・・・・・・・・・・・・・・・・・・・・・・66
牛肉とごぼうの肉巻き ・・・・・・・・・・・70
野菜たっぷり鶏つくね ・・・・・・・・・・・79
ごぼうのきんぴら ・・・・・・・・・・・・・・104
ごぼうと鶏そぼろ ・・・・・・・・・・・・・・104
たたきごぼう ・・・・・・・・・・・・・・・・・104

■青菜（水菜・ほうれん草・小松菜）
豚しゃぶサラダ ・・・・・・・・・・・・・・・77
ほうれん草の厚焼き卵 ・・・・・・・・・・84
小松菜とピーナッツのエスニック炒め ・・・94
小松菜のナムル ・・・・・・・・・・・・・・94
小松菜のお浸し ・・・・・・・・・・・・・・94

キンパ ・・・・・・・・・・・・・120
■さやいんげん
さっぱりロールキャベツ ・・・・・・・・・51
豚肉と漬け物の肉巻き ・・・・・・・・・68
鶏ささみと野菜の肉巻き ・・・・・・・・69
アスパラといんげんの白すりごまよごし ・・95
彩りナムル ・・・・・・・・・・・・・107
グラタン ・・・・・・・・・・・・・108

■セロリ
梅おかかとツナのおにぎり ・・・・・・・・61
彩り野菜のピクルス ・・・・・・・・・・63
パプリカとセロリのピクルス ・・・・・・・92
ブロッコリーの卵サラダ ・・・・・・・・・96
新玉ねぎとセロリのピクルス ・・・・・・・100
卵ポテサラ ・・・・・・・・・・・・・102
サルシッチャ ・・・・・・・・・・・・107
ロールパンサンド ・・・・・・・・・・・121

■大根
エスニックなます ・・・・・・・・・・・57
贅沢ぶり大根 ・・・・・・・・・・・・・82

■たけのこ
筑前煮 ・・・・・・・・・・・・・・・66
たけのこごはんのおにぎり ・・・・・・・・115
中華風おこわ ・・・・・・・・・・・・117

■玉ねぎ・紫玉ねぎ・ペコロス
王道ミートボール ・・・・・・・・・・・74
中華風ミートボール ・・・・・・・・・・74
洋風クリームミートボール ・・・・・・・・74
爆弾スコッチエッグ ・・・・・・・・・・74
豚しゃぶサラダ ・・・・・・・・・・・・77
パプリカと玉ねぎのマリネ ・・・・・・・・88
ガパオ ・・・・・・・・・・・・・・・88
紫キャベツとクランベリーのサラダ ・・・・89
かぼちゃのサラダ ・・・・・・・・・・・90
とうもろこしと玉ねぎのサラダ ・・・・・・91
新玉ねぎとセロリのピクルス ・・・・・・・101
玉ねぎのナムル ・・・・・・・・・・・・101
ペコロスのフライ ・・・・・・・・・・・101
卵ポテサラ ・・・・・・・・・・・・・102
レンチンかぼちゃのサラダ ・・・・・・・・106
グラタン ・・・・・・・・・・・・・108
プルコギ ・・・・・・・・・・・・・・109
ロールパンサンド ・・・・・・・・・・・121

■とうもろこし・コーン缶
はんぺんで3種のさつま揚げ ・・・・・・・47
とうもろこしと玉ねぎのサラダ ・・・・・・91
とうもろこしの洋風ハーブ天ぷら ・・・・・91
とうもろこしの照り焼き ・・・・・・・・・91

■なす
なすのエスニック揚げ浸し ・・・・・・・・103
なすのしぎ焼き ・・・・・・・・・・・・103
麻婆なす ・・・・・・・・・・・・・・103

■にんじん
さっぱりロールキャベツ ・・・・・・・・・51
エスニックなます ・・・・・・・・・・・57
筑前煮 ・・・・・・・・・・・・・・・66
豚肉と漬け物の肉巻き ・・・・・・・・・68
鶏ささみと野菜の肉巻き ・・・・・・・・69
青じそ鶏つくね ・・・・・・・・・・・・75
野菜たっぷり鶏つくね ・・・・・・・・・79
キャロットラペ ・・・・・・・・・・・・86
にんじんのしりしり ・・・・・・・・・・86
にんじんのオレンジグラッセ ・・・・・・・86
ごぼうのきんぴら ・・・・・・・・・・・104
レンチン肉巻き ・・・・・・・・・・・・106
彩りナムル ・・・・・・・・・・・・・107
プルコギ ・・・・・・・・・・・・・・109
にんじんとツナの炊き込みピラフ ・・・・・116
3目ちらし ・・・・・・・・・・・・・118
キンパ ・・・・・・・・・・・・・・・120

■パプリカ
豆腐とサーモンの野菜ディップ ・・・・・・51

彩り野菜のピクルス ・・・・・・・・・・63
牛肉とパプリカの肉巻き ・・・・・・・・・70
鶏肉とピーナッツの中華炒め ・・・・・・・76
牛肉とパプリカの中華炒め ・・・・・・・・78
えびとカラフル野菜のレモンサラダ ・・・・80
パプリカと玉ねぎのマリネ ・・・・・・・・88
ガパオ ・・・・・・・・・・・・・・・88
パプリカと生ハムのフリット ・・・・・・・88
紫キャベツと赤パプリカのマリネ ・・・・・89
パプリカとセロリのピクルス ・・・・・・・92
パプリカのベーコン巻き ・・・・・・・・・92
パプリカの香草炒め ・・・・・・・・・・92

■ピーマン
カラフル肉詰めピーマン ・・・・・・・・・47
ピーマンと塩昆布のサラダ ・・・・・・・・97
ピーマンの肉詰め ・・・・・・・・・・・97
ピーマンの揚げ浸し ・・・・・・・・・・97
レンチン肉巻き ・・・・・・・・・・・・106

■ブロッコリー
グリーンサラダ ・・・・・・・・・・・・21
豆腐とサーモンの野菜ディップ ・・・・・・51
えびとカラフル野菜のレモンサラダ ・・・・80
ブロッコリーの卵サラダ ・・・・・・・・・96
ブロッコリーのベーコン炒め ・・・・・・・96
ブロッコリーの土佐あえ ・・・・・・・・・96
ロールパンサンド ・・・・・・・・・・・121

■ミニトマト
グリーンサラダ ・・・・・・・・・・・・21
ミニトマトのハニーレモンピクルス ・・・・87
ミニトマトとモッツァレラのカプレーゼ ・・87
ミニトマトの中華風ごまあえ ・・・・・・・87

■もやし
彩りナムル ・・・・・・・・・・・・・107

■レタス類
ロールパンサンド ・・・・・・・・・・・121
オープンサンド ・・・・・・・・・・・・122
いもむしサンド ・・・・・・・・・・・・122

■れんこん
筑前煮 ・・・・・・・・・・・・・・・66
れんこんとはんぺんのはさみ焼き ・・・・・83
れんこんの甘辛煮 ・・・・・・・・・・・100
酢ばす ・・・・・・・・・・・・・・・100
れんこんとたらこのきんぴら ・・・・・・・100
れんこんと梅酢のいなり寿司 ・・・・・・・119

きのこ

筑前煮 ・・・・・・・・・・・・・・・66
豚肉ときのこの肉巻き ・・・・・・・・・68
牛肉とまいたけの時雨煮 ・・・・・・・・・78
エリンギのスパイス炒め ・・・・・・・・・105
きのこのマリネ ・・・・・・・・・・・・105
焼きマヨしいたけ ・・・・・・・・・・・105
彩りナムル ・・・・・・・・・・・・・107
中華風おこわ ・・・・・・・・・・・・117
3目ちらし ・・・・・・・・・・・・・118
太巻き ・・・・・・・・・・・・・・・120

いも類

■さつまいも・紫いも
ピーナッツ大学いも ・・・・・・・・・・93
さつまいものレモン煮 ・・・・・・・・・93
フープロで栗きんとん ・・・・・・・・・93
紫いものお団子 ・・・・・・・・・・・・106

■じゃがいも
コンソメ風味のポテトフライ ・・・・・・・41
卵ポテサラ ・・・・・・・・・・・・・102
いも餅 ・・・・・・・・・・・・・・・102
じゃがいもの煮っころがし ・・・・・・・・102
じゃがいものガレット ・・・・・・・・・108
■長いも

一口そうめん ・・・・・・・・・・・・・24

卵・乳製品

■卵・うずらの卵
伊達巻 ・・・・・・・・・・・・・・・57
スモークサーモンとゆで卵の春巻き ・・・・66
爆弾スコッチエッグ ・・・・・・・・・・75
カリカリ梅の厚焼き卵 ・・・・・・・・・84
う巻き ・・・・・・・・・・・・・・・84
ほうれん草の厚焼き卵 ・・・・・・・・・84
卵カステラ ・・・・・・・・・・・・・85
卵とえびの中華炒め ・・・・・・・・・・85
味つけ卵 ・・・・・・・・・・・・・・85
にんじんのしりしり ・・・・・・・・・・86
ブロッコリーの卵サラダ ・・・・・・・・・96
カリフラワーとうずらのピクルス ・・・・・99
卵ポテサラ ・・・・・・・・・・・・・102
厚焼き卵 ・・・・・・・・・・・・・・110
太巻き ・・・・・・・・・・・・・・・120
キンパ ・・・・・・・・・・・・・・・120
厚焼き卵とハムきゅうりサンド ・・・・・・121
ロールパンサンド ・・・・・・・・・・・121
オープンサンド ・・・・・・・・・・・・122

■牛乳・生クリーム
ミルクゼリー ・・・・・・・・・・・・・41
フルーツポケットサンド ・・・・・・・・・53
洋風クリームミートボール ・・・・・・・・74
厚焼き卵とハムきゅうりサンド ・・・・・・121

■チーズ
クリームチーズと
　セミドライトマトのマフィン＆
　枝豆とスモークサーモンのマフィン ・・・45
鶏ささみのイタリアンロール ・・・・・・・69
ミニトマトとモッツァレラのカプレーゼ ・・87
かぼちゃのサラダ ・・・・・・・・・・・90
カリフラワーのチーズフリット ・・・・・・99
焼きマヨしいたけ ・・・・・・・・・・・105
グラタン ・・・・・・・・・・・・・108
じゃがいものガレット ・・・・・・・・・108
いもむしサンド ・・・・・・・・・・・・122

■ヨーグルト
紫キャベツとクランベリーのサラダ ・・・・89
ブロッコリーの卵サラダ ・・・・・・・・・96

豆類・大豆加工品

■油揚げ
オープンいなり ・・・・・・・・・・・・49
たけのこごはんのおにぎり ・・・・・・・・115
3目ちらし ・・・・・・・・・・・・・118
いなりあげ ・・・・・・・・・・・・・119
れんこんと梅酢のいなり寿司 ・・・・・・・119
そうめんいなり ・・・・・・・・・・・・119

■豆腐
豆腐とサーモンの野菜ディップ ・・・・・・51
野菜たっぷり鶏つくね ・・・・・・・・・79
ひじきの和風豆腐ミートローフ ・・・・・・109

■豆（黒豆・ミックスビーンズ）
ドライパック黒豆 ・・・・・・・・・・・57
ロールパンサンド ・・・・・・・・・・・121

果実・果実加工品

■生の果物
レモンゼリー ・・・・・・・・・・・・・39
甘い生地でかぼちゃとくるみのマフィン＆
　チョコバナナマフィン ・・・・・・・・45
フルーツポケットサンド ・・・・・・・・・53
いもむしサンド ・・・・・・・・・・・・122

■フツーツ缶
缶詰でフルーツゼリー ・・・・・・・・・66

上島亜紀（かみしまあき）

料理家・フードコーディネーター&スタイリストとして女性誌を中心に活動。企業のレシピ監修、提案も行う。パン講師、食育アドバイザー、ジュニア・アスリートフードマイスター取得。簡単に作れる日々の家庭料理を大切にしながら、主宰する料理教室「A's Table」では、楽しくて美しいおもてなし料理を提案している。著書に『しらたきダイエット』(宙出版)『野菜たっぷりスープの本』(朝日新聞出版)『一度にたくさん作るからおいしい煮込み料理』(成美堂出版)『天板1枚で、ごちそうオーブン料理』(学研プラス)『はじめての園児のおべんとう』(西東社) 他多数。

STAFF
撮影＝松島均
デザイン＝細山田光宣　松本 歩　鎌内 文（細山田デザイン事務所）
スタイリング＝ダンノマリコ
調理アシスタント＝常峰ゆう子
編集＝丸山みき（SORA企画）
編集アシスタント＝大森奈津　志賀靖子
イラスト＝ヤマグチカヨ
校正＝聚珍社
編集担当＝大竹美香（宙出版）

もう、詰め方、見映えに悩まない！
おでかけ弁当ドリル

2017年　9月22日　初版第1刷発行

発行人　　北脇信夫
編集人　　中江陽奈
発行所　　株式会社　宙(おおぞら)出版
　　　　　〒112-8653
　　　　　東京都文京区音羽一丁目22番12号
　　　　　代表 03 (6861) 3910
　　　　　販売 03 (6861) 3930
　　　　　資材製作部 03 (6861) 3912
印刷・製本　三共グラフィック株式会社

本書の一部または全部を無断で複製・転載・上映・放送することは、法律で認められた場合を除き、著者および出版者の権利の侵害となります。あらかじめ小社宛に許諾をお求めください。本書を代行業者等の第三者に依頼してスキャンやデジタル化することは、たとえ個人や家庭内での利用であっても著作権法上認められておりません。造本には十分注意しておりますが、万一、落丁乱丁などの不良品がありましたら、購入された書店名を明記のうえ小社資材製作部までお送りください。送料小社負担にて、お取替えいたします。但し、新古書店で購入されたものについてはお取替えできませんのでご了承ください。

®OHZORASHUPPAN2017／ISBN978-4-7767-9684-8
Printed in Japan 2017